名鉄沿線ディープなふしぎ

小林克己・監修
Katsumi Kobayashi

JIPPI Compact

実業之日本社

はじめに

本書は「名鉄沿線の不思議と謎」の第二弾である。

構成は「路線・駅の不思議」「名鉄の㊙ヒストリー」「地理・地図の不思議」「沿線歴史散歩」「沿線の施設・スポット」「地名・駅名の由来」になっている。単なる沿線の旅行ガイド本なら路線別が普通だが、本書はあえて多角的に「不思議と謎」に迫る構成にしているので、同じ駅が重複して登場することもある。

たとえば、豊橋駅はホームの片面がＪＲなのに、もう一面が名鉄という不思議なつくりになっている（一六ページ）。普通はそれぞれに改札があり、別のホームであるはずだが、別会社が同じホームを使っているのだ。

ほかにも、名鉄の路線がない岐阜県美濃市に、名鉄の路面電車があるのも謎だし（四七ページ）、遠い石川県小松市や富山県の立山にも名鉄が運行していた時代があったのも不思議（五八、六七ページ）。国際観光ホテルの第一号が、大都市や有名観光地でなく、なぜか蒲郡にある（一四七ページ）。また、知多半田にある明治期のビール工場では、冷蔵庫なしで真夏でも冷たいビールが飲めたらしいが、その秘密はどこにあるのか（一五三ページ）。

さらに名鉄沿線は、国宝が多い。近畿地方を除くと国宝建造物が一件だけ、またはゼロという都県も少なくないが、名鉄沿線だけで三件もある。そのひとつ、鎌倉時代につくられた国宝金蓮寺弥陀堂は、同時期に建てられたほかのお堂がすべて東三河にあったのに対し、唯一西三河にあり、不思議さに満ちている（一一五ページ）。

以上のように、すぐ行って見たくなる不思議と謎に満ちた観光スポットめじろ押しである。

実際に足を延ばしてもらえるようにアクセスも詳しく紹介したかったが、紙面に限りがあるので、せめてここで簡単に本書の「不思議と謎」を安く回れる方法を紹介しておこう。

一番のお勧めは名鉄全線に二日間乗り放題の名鉄全線２ＤＡＹフリーきっぷ。名鉄沿線お住まいの方は最寄りの駅から二日間（連続使用）乗りたい名鉄線に乗れ、降りたい駅にいくらでも降りられる。割高になるが一日だけ乗り放題のまる乗り１ＤＡＹフリーきっぷもいい。東京からは名古屋までは、新幹線代が安くなる「ぷらっとこだま」や青春18きっぷを利用するとさらに安あがりになる。

二〇一八年六月

小林克己

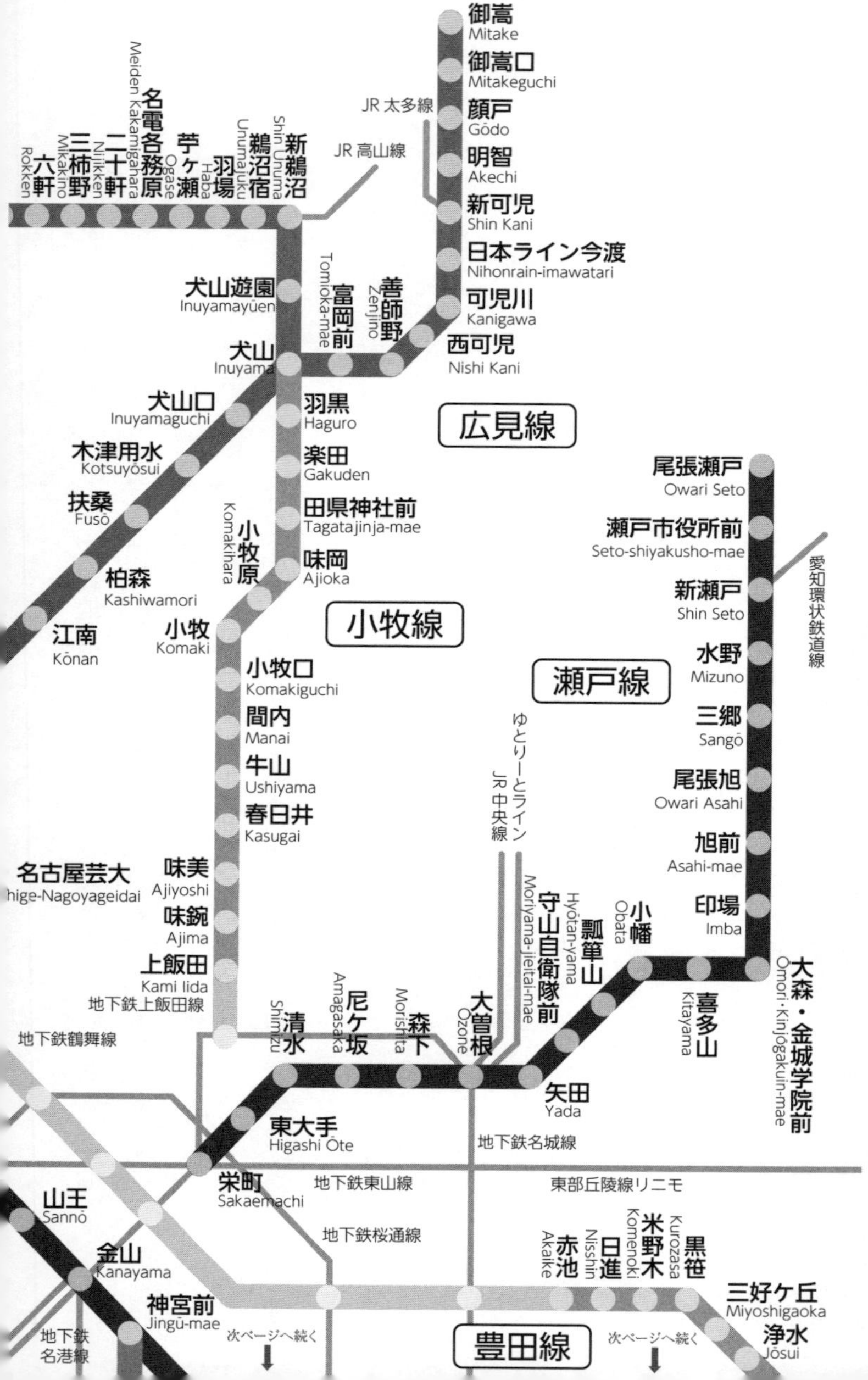

御嵩
Mitake
御嵩口
Mitakeguchi
顔戸
Gōdo
明智
Akechi
新可児
Shin Kani
日本ライン今渡
Nihonrain-imawatari
可児川
Kanigawa
西可児
Nishi Kani
JR 太多線
JR 高山線
善師野
Zenjino
富岡前
Tomioka-mae
新鵜沼
Shin Unuma
鵜沼宿
Unumajuku
羽場
Haba
苧ケ瀬
Ogase
名電各務原
Meiden Kakamigahara
二十軒
Nijikken
三柿野
Mikakino
六軒
Rokken
犬山遊園
Inuyamayūen
犬山
Inuyama
犬山口
Inuyamaguchi
木津用水
Kotsuyōsui
扶桑
Fusō
柏森
Kashiwamori
江南
Kōnan
羽黒
Haguro
楽田
Gakuden
田県神社前
Tagatajinja-mae
味岡
Ajioka
小牧原
Komakihara
小牧
Komaki
広見線
小牧線
瀬戸線
小牧口
Komakiguchi
間内
Manai
牛山
Ushiyama
春日井
Kasugai
味美
Ajiyoshi
味鋺
Ajima
上飯田
Kami Iida
地下鉄上飯田線
名古屋芸大
hige-Nagoyageidai
尾張瀬戸
Owari Seto
瀬戸市役所前
Seto-shiyakusho-mae
新瀬戸
Shin Seto
愛知環状鉄道線
水野
Mizuno
三郷
Sangō
尾張旭
Owari Asahi
旭前
Asahi-mae
印場
Imba
ゆとりーとライン
JR 中央線
小幡
Obata
瓢箪山
Hyōtan-yama
守山自衛隊前
Moriyama-jieitai-mae
大森・金城学院前
Ōmori・Kinjōgakuin-mae
喜多山
Kitayama
大曽根
Ōzone
森下
Morishita
尼ケ坂
Amagasaka
清水
Shimizu
地下鉄鶴舞線
矢田
Yada
東大手
Higashi Ōte
地下鉄名城線
栄町
Sakaemachi
地下鉄東山線
東部丘陵線リニモ
地下鉄桜通線
山王
Sannō
金山
Kanayama
神宮前
Jingū-mae
地下鉄名港線
赤池
Akaike
日進
Nisshin
米野木
Komenoki
黒笹
Kurozasa
三好ケ丘
Miyoshigaoka
浄水
Jōsui
豊田線
次ページへ続く
次ページへ続く

名古屋鉄道路線図

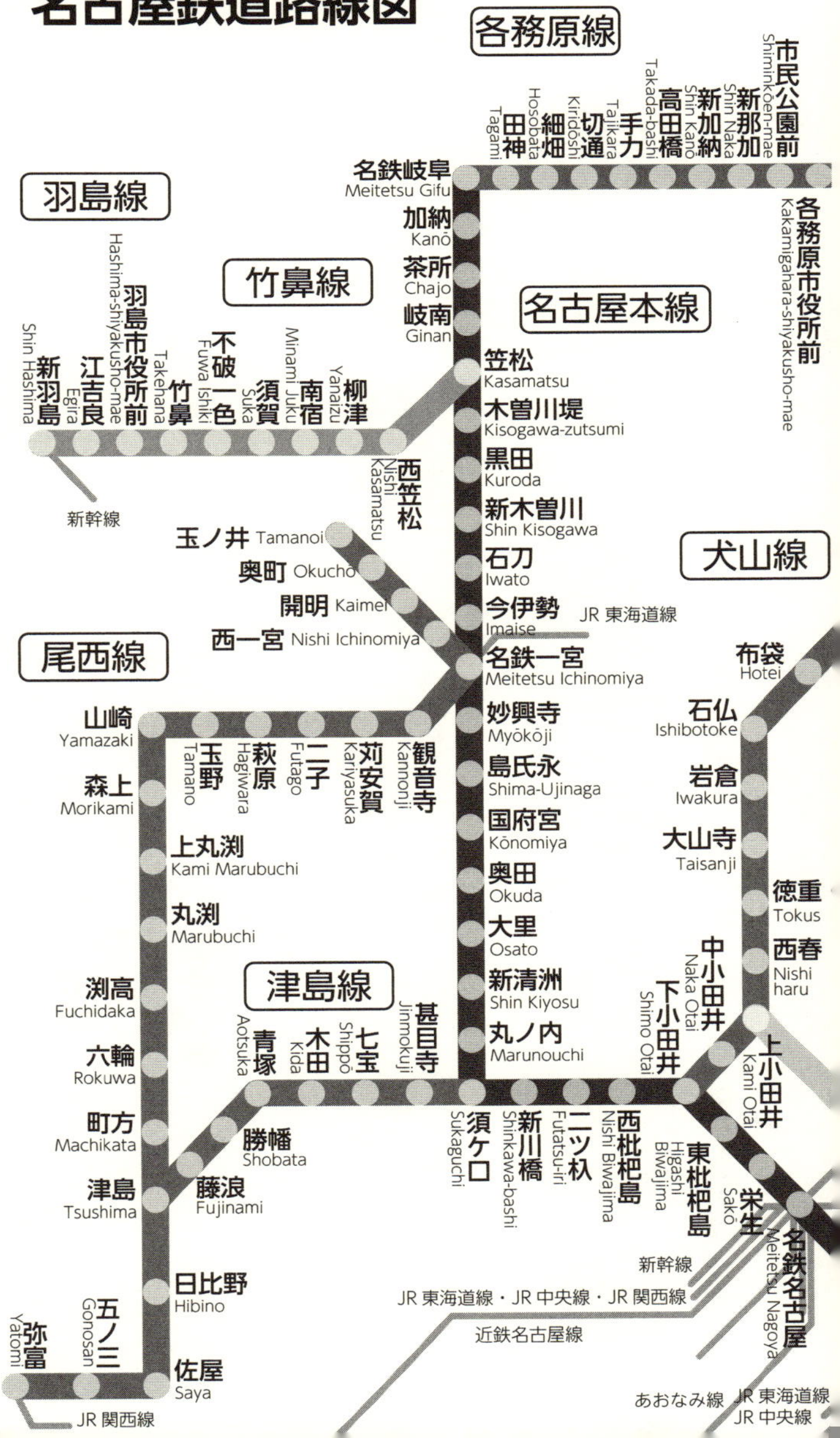
各務原線
市民公園前 Shiminkōen-mae
新那加 Shin Naka
新加納 Shin Kanō
高田橋 Takada-bashi
手力 Tajikara
切通 Kiridōshi
細畑 Hosobata
田神 Tagami
名鉄岐阜 Meitetsu Gifu
各務原市役所前 Kakamigahara-shiyakusho-mae
羽島線
羽島市役所前 Hashima-shiyakusho-mae
江吉良 Egira
新羽島 Shin Hashima
新幹線
竹鼻線
不破一色 Fuwa Ishiki
竹鼻 Takehana
須賀 Suka
南宿 Minami Juku
柳津 Yanaizu
西笠松 Nishi Kasamatsu
加納 Kanō
茶所 Chajo
岐南 Ginan
名古屋本線
笠松 Kasamatsu
木曽川堤 Kisogawa-zutsumi
黒田 Kuroda
新木曽川 Shin Kisogawa
石刀 Iwato
今伊勢 Imaise
JR 東海道線
名鉄一宮 Meitetsu Ichinomiya
妙興寺 Myōkōji
島氏永 Shima-Ujinaga
国府宮 Kōnomiya
奥田 Okuda
大里 Osato
新清洲 Shin Kiyosu
丸ノ内 Marunouchi
玉ノ井 Tamanoi
奥町 Okucho
開明 Kaimei
西一宮 Nishi Ichinomiya
尾西線
山崎 Yamazaki
森上 Morikami
玉野 Tamano
萩原 Hagiwara
二子 Futago
苅安賀 Kariyasuka
観音寺 Kannonji
上丸渕 Kami Marubuchi
丸渕 Marubuchi
渕高 Fuchidaka
六輪 Rokuwa
町方 Machikata
津島 Tsushima
日比野 Hibino
五ノ三 Gonosan
弥富 Yatomi
佐屋 Saya
JR 関西線
津島線
青塚 Aotsuka
木田 Kida
七宝 Shippō
甚目寺 Jinmokuji
勝幡 Shobata
藤浪 Fujinami
須ケ口 Sukaguchi
新川橋 Shinkawa-bashi
二ツ杁 Futatsu-iri
西枇杷島 Nishi Biwajima
東枇杷島 Higashi Biwajima
栄生 Sakō
名鉄名古屋 Meitetsu Nagoya
犬山線
布袋 Hotei
石仏 Ishibotoke
岩倉 Iwakura
大山寺 Taisanji
徳重 Tokus
西春 Nishi haru
中小田井 Naka Otai
下小田井 Shimo Otai
上小田井 Kami Otai
新幹線
JR 東海道線・JR 中央線・JR 関西線
近鉄名古屋線
あおなみ線
JR 東海道線
JR 中央線

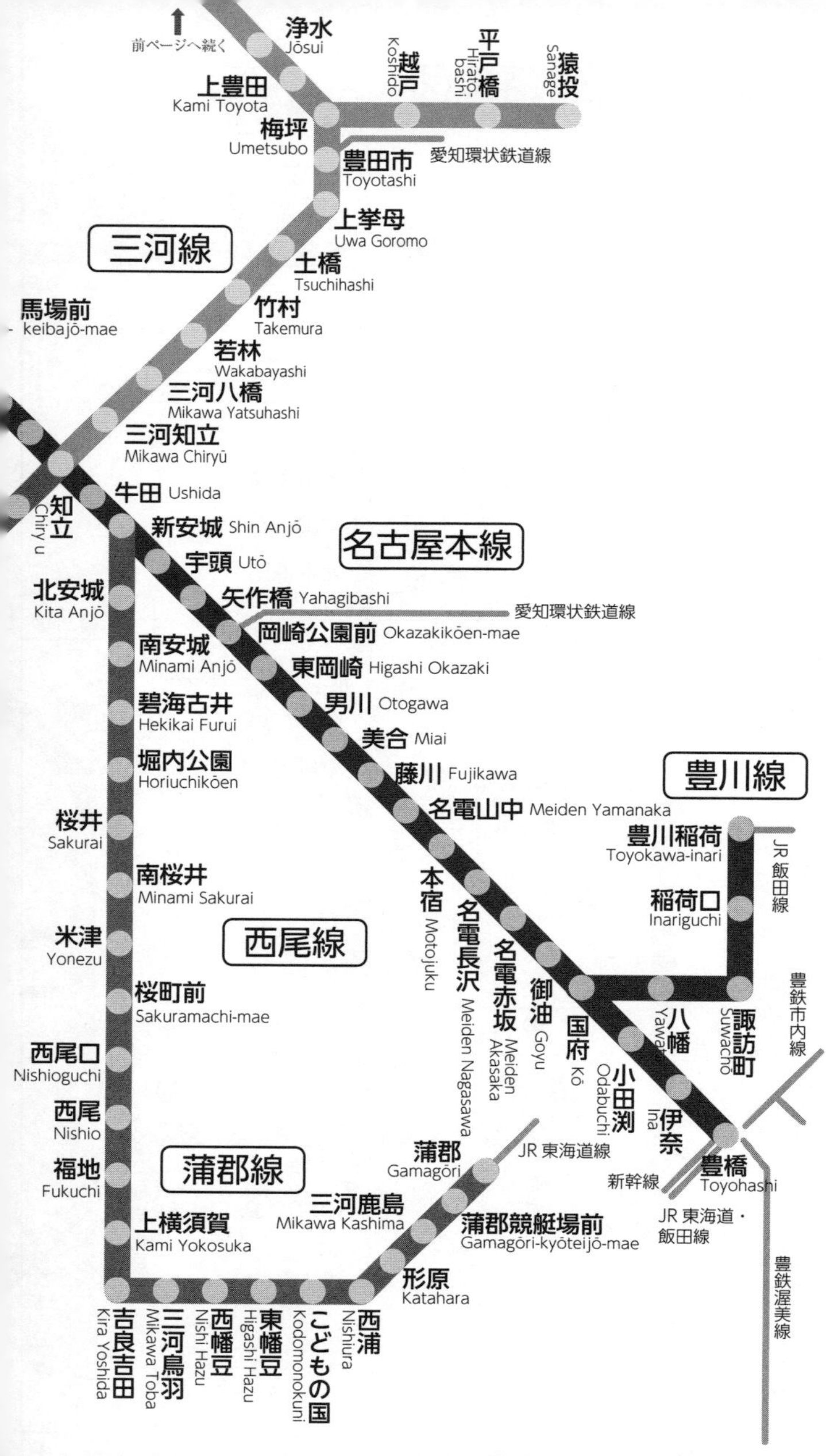

前ページへ続く
三河線
浄水 Jōsui
上豊田 Kami Toyota
梅坪 Umetsubo
越戸 Koshido
平戸橋 Hiratobashi
猿投 Sanage
豊田市 Toyotashi
愛知環状鉄道線
上挙母 Uwa Goromo
土橋 Tsuchihashi
竹村 Takemura
若林 Wakabayashi
三河八橋 Mikawa Yatsuhashi
三河知立 Mikawa Chiryū
馬場前 - keibajō-mae
知立 Chiry u
名古屋本線
牛田 Ushida
新安城 Shin Anjō
宇頭 Utō
矢作橋 Yahagibashi
愛知環状鉄道線
岡崎公園前 Okazakikōen-mae
東岡崎 Higashi Okazaki
男川 Otogawa
美合 Miai
藤川 Fujikawa
名電山中 Meiden Yamanaka
本宿 Motojuku
名電長沢 Meiden Nagasawa
名電赤坂 Meiden Akasaka
御油 Goyu
国府 Kō
小田渕 Odabuchi
伊奈 Ina
豊橋 Toyohashi
豊川線
豊川稲荷 Toyokawa-inari
稲荷口 Inariguchi
八幡 Yawata
諏訪町 Suwachō
JR飯田線
豊鉄市内線
新幹線
JR 東海道・飯田線
豊鉄渥美線
西尾線
北安城 Kita Anjō
南安城 Minami Anjō
碧海古井 Hekikai Furui
堀内公園 Horiuchikōen
桜井 Sakurai
南桜井 Minami Sakurai
米津 Yonezu
桜町前 Sakuramachi-mae
西尾口 Nishioguchi
西尾 Nishio
福地 Fukuchi
上横須賀 Kami Yokosuka
吉良吉田 Kira Yoshida
蒲郡線
三河鳥羽 Mikawa Toba
西幡豆 Nishi Hazu
東幡豆 Higashi Hazu
こどもの国 Kodomonokuni
西浦 Nishiura
形原 Katahara
蒲郡競艇場前 Gamagōri-kyōteijō-mae
三河鹿島 Mikawa Kashima
蒲郡 Gamagōri
JR 東海道線

前ページへ続く
神宮前 Jingū-mae
堀田 Horita
呼続 Yobitsugi
桜 Sakura
本笠寺 Moto Kasadera
本星崎 Moto Hoshizaki
鳴海 Narumi
左京山 Sakyō yama
有松 Ari matsu
中京競 Chukyō-
前後 Zengo
豊明 Toyoake
富士松 Fujimatsu
一ツ木 Hitotsugi
重原 Shigehara
刈谷 Kariya
JR東海道線
刈谷市 Kariyashi
小垣江 Ogakie
吉浜 Yoshihama
三河高浜 Mikawa Takahama
高浜港 Takahama-minato
北新川 Kita Shinkawa
新川町 Shinkawa-machi
碧南中央 Hekinan-chūō
碧南 Hekinan
三河線
豊田本町 Toyodahonmachi
道徳 Dōtoku
大江 Ōe
築港線
東名古屋港 Higashi Nagoyakō
大同町 Daidōchō
柴田 Shibata
名和 Nawa
聚楽園 Shūrakuen
新日鉄前 Shin Nittetsu-mae
太田川 Ōtagawa
高横須賀 Takayokosuka
南加木屋 Minami Kagiya
八幡新田 Yawata-shinden
巽ヶ丘 Tatsumigaoka
白沢 Shirasawa
坂部 Sakabe
阿久比 Agui
植大 Uedai
半田口 Handaguchi
住吉町 Sumiyoshichō
知多半田 Chita Handa
成岩 Narawa
青山 Aoyama
上ゲ Age
知多武豊 Chita Taketoyo
富貴 Fuki
河和口 Kōwaguchi
河和 Kōwa
河和線
尾張横須賀 Owari Yokosuka
寺本 Teramoto
朝倉 Asakura
古見 Komi
長浦 Nagaura
日長 Hinaga
新舞子 Shin Maiko
大野町 Ōnomachi
西ノ口 Nishinokuchi
蒲池 Kabaike
榎戸 Enokido
多屋 Taya
常滑 Tokoname
常滑線
りんくう常滑 Rinkū Tokoname
中部国際空港 Central Japan International Airport
空港線
美浜緑苑 Mihama-ryokuen
上野間 Kami Noma
知多奥田 Chita Okuda
野間 Noma
内海 Utsumi
知多新線

《目次》

第一章　名鉄路線と駅の不思議

01

第二章 名鉄の㊙ヒストリー

02

第三章 地理から読みとく名鉄沿線のナゾ 03

第四章　名鉄沿線のディープな歴史散歩

04

第五章　名鉄沿線のスポットにまつわるミステリー

05

第六章　名鉄をとりまく地名・駅名の由来

06

◎凡例
各項目見出し下には、最寄り駅の路線名と駅名、名古屋鉄道の駅ナンバリングが記されています。アルファベットは、NH＝名古屋本線、TK＝豊川線、GN＝西尾線・蒲郡線、MY＝三河線猿投方面、MU＝三河線碧南方面、TT＝豊田線、TA＝常滑線・空港線、CH＝築港線、KC＝河和線・知多新線、ST＝瀬戸線、TB＝津島線、BS＝尾西線、IY＝犬山線、KG＝各務原線、HM＝広見線、KM＝小牧線、TH＝竹鼻線・羽島線を、数字は、駅番号を表わしています。本書の内容は、とくに明記がない場合は二〇一八（平成三〇）年六月時点の情報に基づいています。

カバーデザイン・イラスト／杉本欣右
本文レイアウト／Lush!
本文図版／イクサデザイン
本文写真（本文ページに記載したものを除く）／Bariston（P37、161、173）、伊勢志摩みやげセンター王将（P71）、butuCC（P81、87）、豊田市郷土資料館（P89）、Tomio344456（P111）、kyu3（P113）、Monami（P131）、ぺ有家音（P135）、円周率3パーセント（P143）、名古屋太郎（P155）

第一章

名鉄路線と駅の不思議

中京の雄・名鉄が豊橋駅で片身の狭い思いをしている事情

名古屋本線 NH 01

豊橋
とよはし
TOYOHASHI

名鉄の基幹路線である名古屋本線の東端のターミナルは、国鉄史上初の民衆駅として知られる豊橋駅である。民衆駅とは地元の商工業者が駅舎の工事費を分担し、その代わりに駅舎の一部を商業施設として利用するという駅のことである。

戦後、空襲によって各地の駅舎が焼けて国鉄も復興に追われていた。しかし、国鉄も財政難に陥っており、全国規模での復興にはなかなか手が回らない。そこで国鉄が打ち出したのが、不足する財源を補うこの民衆駅構想であり、その第一号として、一九五〇（昭和二五）年に誕生したのが豊橋駅だった。

当時、木造モルタル二階建てで地域の自慢になるほどだった豊橋駅は、今でもＪＲと名鉄が乗り入れる立派なターミナル駅であるが、なぜか妙に名鉄の存在感が薄い。

たとえば名鉄の使える線路は三番線のみのわずか一本であるため、到着しても数分以内に慌ただしく折り返す。しかもＪＲと同じホーム（島式ホームの二番線がＪＲ、三番線が名鉄）だったり、ＪＲ仕様の駅名標を使っていたりする。名鉄の特急に搭載されるミュージックホーンもこの区間では使用されない。思わずここに名鉄は停まらないのかと思うくらいJR色が強いのだ。

おまけに列車の発着数も一時間六本という制限があり、普通列車は大半が三つ名古屋寄りの国府《こう》駅から発車し、豊橋駅からはほとんど発車しない。名鉄が片身の狭い思いをしながら使っている駅なのである。

悲劇の始まりは豊川鉄道への乗り入れ

なぜこのような切ない状況になったのか。それは名鉄の前身・愛知電気鉄道（以下、愛電）が豊橋駅に乗り入れたときにさかのぼる。

もともと豊橋駅は官営鉄道の駅として一八八八（明治二一）年に開業した。一八九七（明治三〇）年には、豊川稲荷《とよかわいなり》への参詣のため、豊川鉄道（現・JR飯田線）の豊橋〜豊川間が開通した。一方で愛電も岡崎と豊橋を結ぶ鉄道を計画し、御油《ごゆ》から分岐して豊川に至る支線をつくろうと考えた。そこで架橋費用節約のため、豊川鉄道に豊橋駅（当時は吉田駅）乗り入れを持ちかけたが、名古屋からの参詣客が奪われることを危惧した豊川鉄道に断られてしまう。

これに対して愛電は豊川や豊橋北部を通る新路線を計画する形で対抗した。これを知った豊橋の財政界では、豊橋が交通網の中心から外れると騒ぎ出し、豊川鉄道でもこのまま参詣客が奪われるよりはと協調する機運が高まり、最終的に豊川鉄道が妥協して一九二七（昭和二）年、愛電の乗り入れを容認したのである。

その結果、愛電が豊川鉄道の隣に線路を敷設し、互いの線路を共用して複線とすることで両社の便数を増やした。こうして豊川市平井町から約四キロメートルの区間が豊川鉄道と愛電の共用区間になったのだ。つまり相互乗り入れではなく、愛電があとから乗り入れる形で参入したのである。そのため共用区間の保線や信号、出改札業務などをすべて豊川鉄道に委託し、集改札や電力の費用を支払う形となった。

戦時中に豊川鉄道は海軍工廠《こうしょう》への輸送のため国営化され、やがて国鉄飯田線となるも、豊橋駅の業務形態はそのまま国鉄、さらにJRに引き継がれた。そして契約が現在も受け継がれているのである。いまでは名鉄の出札業務だけは名鉄自身で行なうようになったが、それ以外の共用区間の保守や信号、運行などの諸業務については、JR東海が担当する状態が続いている。

このように、名鉄の豊橋駅の利用については開通以来、九〇年近く間借り状態が続いているのである。名鉄の本拠地、愛知県第二の都市であり名古屋本線の東のターミナルという名鉄の最重要駅のひとつでありながら、こうした状態は珍しく意外である。

豊橋駅構内図

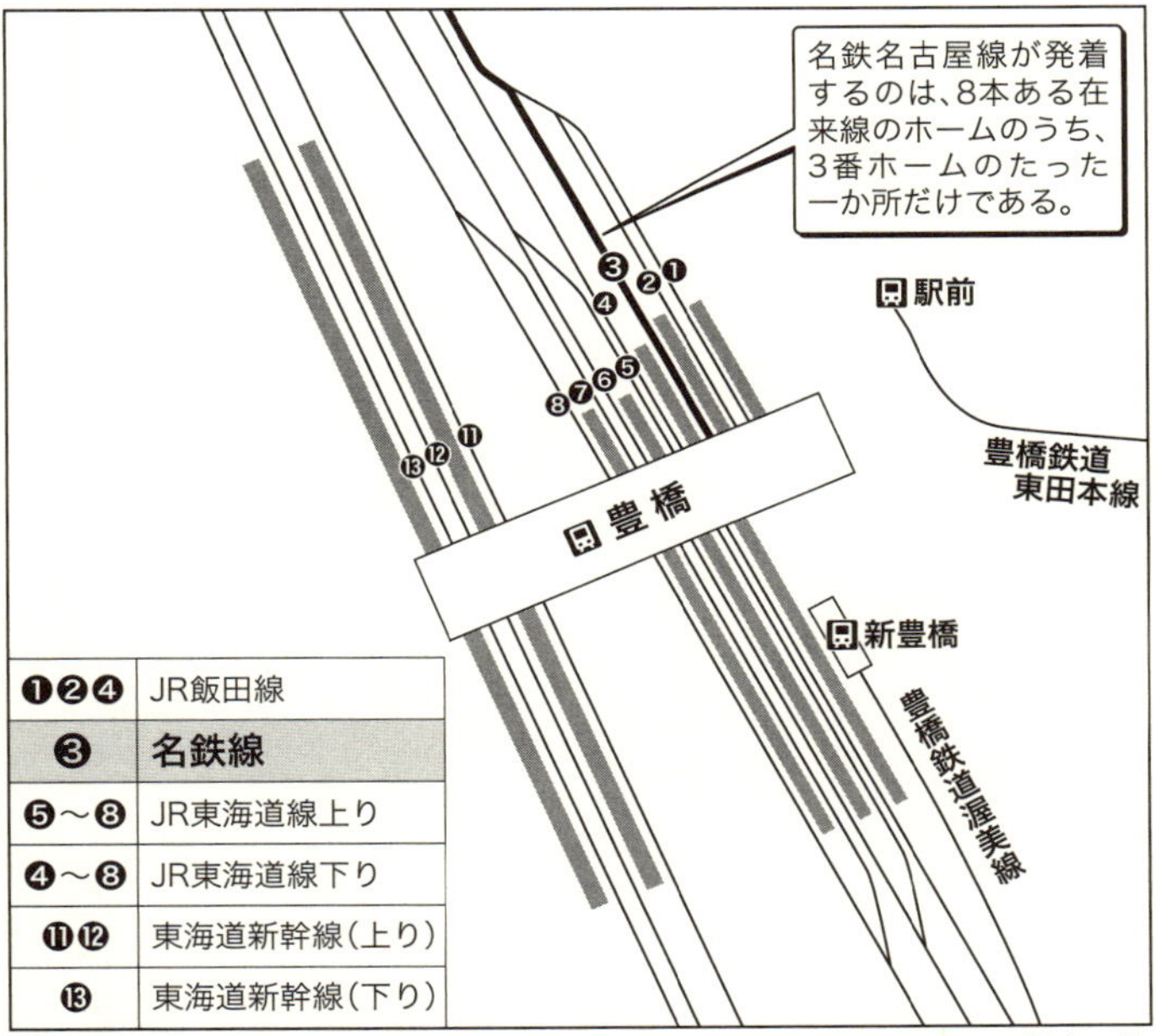

豊橋駅では、名鉄はJR所有の駅舎を間借りする形で使用しているため、肩身の狭い状況に置かれている。

名鉄豊橋駅の駅名標。左上にＪＲのロゴがあり、ＪＲの駅名標のようだが、右上に名鉄の駅ナンバリングがあることと、隣の駅が「伊奈」であるため、名鉄の駅名標だとわかる。

豊田・地下鉄線の地上区間を走っていた、トンデモない列車とは？

豊田線

名鉄豊田線の区間は赤池《あかいけ》～梅坪《うめつぼ》だが、赤池駅で、名古屋市営地下鉄鶴舞線《つるまいせん》と相互乗り入れする電車がほとんどなので、名古屋市内まで直通できる利便性がある。あるいは、名古屋よりさらに犬山線の上小田井《かみおたい》まで行く電車もある。

ところで、赤池から地下鉄鶴舞線で名古屋方面へ向かうと、八事《やごと》という駅がある。八事と書いて「やごと」と読み、かつてこの名を冠した通称「八事電車」と呼ばれる電車が名古屋市街と八事を結んでいた。八事電車の開業は一九一二（明治四五）年のこと。八事駅周辺には興正寺《こうしょうじ》や高照寺《こうしょうじ》などの名刹があり、名古屋からの行楽客を見込んでの開業である。

じつは、この路線では、かつて日本でもここだけしか走らない特別な車両があったのをご存じだろうか。

名古屋から八事へ運ばれたのは……？

それは「霊柩《れいきゅう》電車」。いわゆる霊柩車の電車版である。

車両内に棺を入れ、そのままご遺体を運んだのである。というのも、八事駅から〇・五キロメートルのところに、一九一五（大正四）年、市営の墓地が設置されたからだ。墓地だけでなく葬祭場も併設されており、ここで葬儀と火葬を行なうことができた。鉄道側でも、この霊柩電車を運行するために、八事駅から霊園入り口まで延伸しているから、力の入れようがうかがえる。

霊柩電車が走っていたというだけでも驚きだが、さらに霊柩電車の車両にもわざわざ人身事故をよく起こしていた九号車両を改造して用いたという秘話がある。写真が残っていないため車両の詳細は不明だが、車両の中央に両側開きの扉がついており、そこから棺を出し入れしたという。

ただし、参詣客を見込んだ八事線も、実際には経営が厳しく、霊柩電車の運行も少しでも赤字を減らすための苦肉《くにく》の策だった。

この霊柩電車がどのくらい財政面での助けになったかは不明だが、一九二八（昭和三）年、八事電車の経営権は新三河鉄道へ移管され、一九三七（昭和一二）年、新三河鉄道が名古屋市に買収されたことにより、やがて市営地下鉄区間になった。

当の霊柩電車は新三河鉄道になっても健在で、一九三五（昭和一〇）年頃まで走っていたという。

知立駅の周辺が複雑な構造になったのはなぜ？

名古屋本線 三河線 NH 19

知立
ちりゅう
CHIRYŪ

三河線 MY 01

三河知立
みかわちりゅう
MIKAWA CHIRYŪ

現在、名古屋本線と三河線が乗り入れる知立駅の一帯において、二〇二三年度の完成を予定した連続立体交差事業が行なわれている。名古屋本線が三河線をオーバークロスする箇所以外は、両線が地上を走っているため、周辺は踏み切りが多く、知立駅一帯には慢性的な渋滞が発生していた。しかし、名古屋本線の一・六キロメートル、三河線の二・七キロメートルの区間をそれぞれ高架化する今回の連続立体交差事業が完了すれば、一〇か所の踏切がなくなり、周辺の交通がスムーズになる。

大規模な高架化工事が必要となるのは、名古屋本線と三河線の線路が複雑に交差していることが原因だ。知立駅の南側には、豊橋方面へ続く名古屋本線の線路が延びるほか、三河線の線路が途中で二股にわかれて碧南《へきなん》方面と豊田方面へと延びる。このため列車は駅の構内でスイッチバックして運行する形となっている。さらに三河線の豊田市方面側を見ると、名古屋本線の下をくぐったすぐ先に三河知立駅という別の駅もある。知立駅の周辺が、なぜこれほど複雑な構造になってしまったのか。駅開設の経緯を明らかにしていきたい。

ライバル私鉄の乗り入れを拒否して二駅に

この地域に最初に開通した鉄道は、三河線となる三河鉄道である。一九一四（大正三）年に大浜港（現・碧南）～刈谷新（現・刈谷）間が開業し、翌年にさらに北側へ延長して知立（旧）駅が置かれた。これが現在の三河知立駅である。知立（旧）駅の立地は、旧東海道筋に近く、かつ知立弘法《ちりゅうこうぼう》へ向かう吉良道《きらみち》へ隣接している場所だった。このときの三河鉄道の線路は現在と異なり、刈谷《かりや》から知立まで直線で延びていた。

その後、名古屋本線の前身である愛知電気鉄道（以下、愛電）が知立へ線路を延ばす。計画当初、愛電は三河鉄道の知立（旧）駅へ乗り入れる計画をもっていた。しかし、三河鉄道が愛電の乗り入れ計画を拒否する。当時の三河鉄道にとって、愛電は乗客を取り合うライバルだったため、自社の駅へ乗り入れを許すわけにはいかなかった。

知立（旧）駅への乗り入れを断念した愛電は、知立（旧）駅の手前で、三河鉄道の線路をオーバークロスして豊橋方面へ向かうルートに切り替えた。そして一九二三（大正一二）年、交差部の先に新知立駅を開設。三河鉄道の知立駅と愛電の新知立駅が並ぶ形となる。

その後、しばらくはライバル会社の二つの駅が並び立つ状況が続いていたが、戦時体制下において状況が一変する。一九三八（昭和一三）年に制定された陸上交通事業調整法のもと、地方交通の統合が推進されており、三河鉄道も一九四一（昭和一六）年に名鉄へ合併されたのである。名鉄は、愛電の後身。つまり知立駅一帯の線路や駅は、すべてが名鉄になったわけだ。ライバル関係が解消され、知立（旧）駅と新知立駅には連絡通路が設けられて、どちらも知立駅という名称になった。

ひとつの知立駅に統合されたものの、ここで大きな問題が立ちはだかった。両線がせっかく同じ名鉄になったというのに、三河線の豊田市方面から名古屋本線の知立駅へと直接つながる線路がなく、豊田方面から名古屋へ行こうとする場合、三河線の知立駅ホームに停まったあと、東側へ折り返して名古屋本線に入り新知立駅ホームへ入線しなければならない。

こうした乗り換えの不便を解消するため、名鉄は一九五九（昭和三四）年、従来の場所から約四〇〇メートル西にある現在地へ知立駅を移転する。一方、従来の知立駅は、三河線のホームが三河知立駅、名古屋本線のホームが東知立駅（一九六八年に廃止）になった。

この移転にともない、知立駅の構内で三河線を名古屋本線へ直通させるため、名鉄は三河線の線路を知立駅へ引き込んだ。三河線が両方面からカーブして知立駅へ入る複雑な構造は、このときの変更による。しかし、その後三河線から名古屋本線への直通列車が廃止されると、三河線は知立駅で海線と山線に分断される奇妙な路線となった。

知立駅変遷図

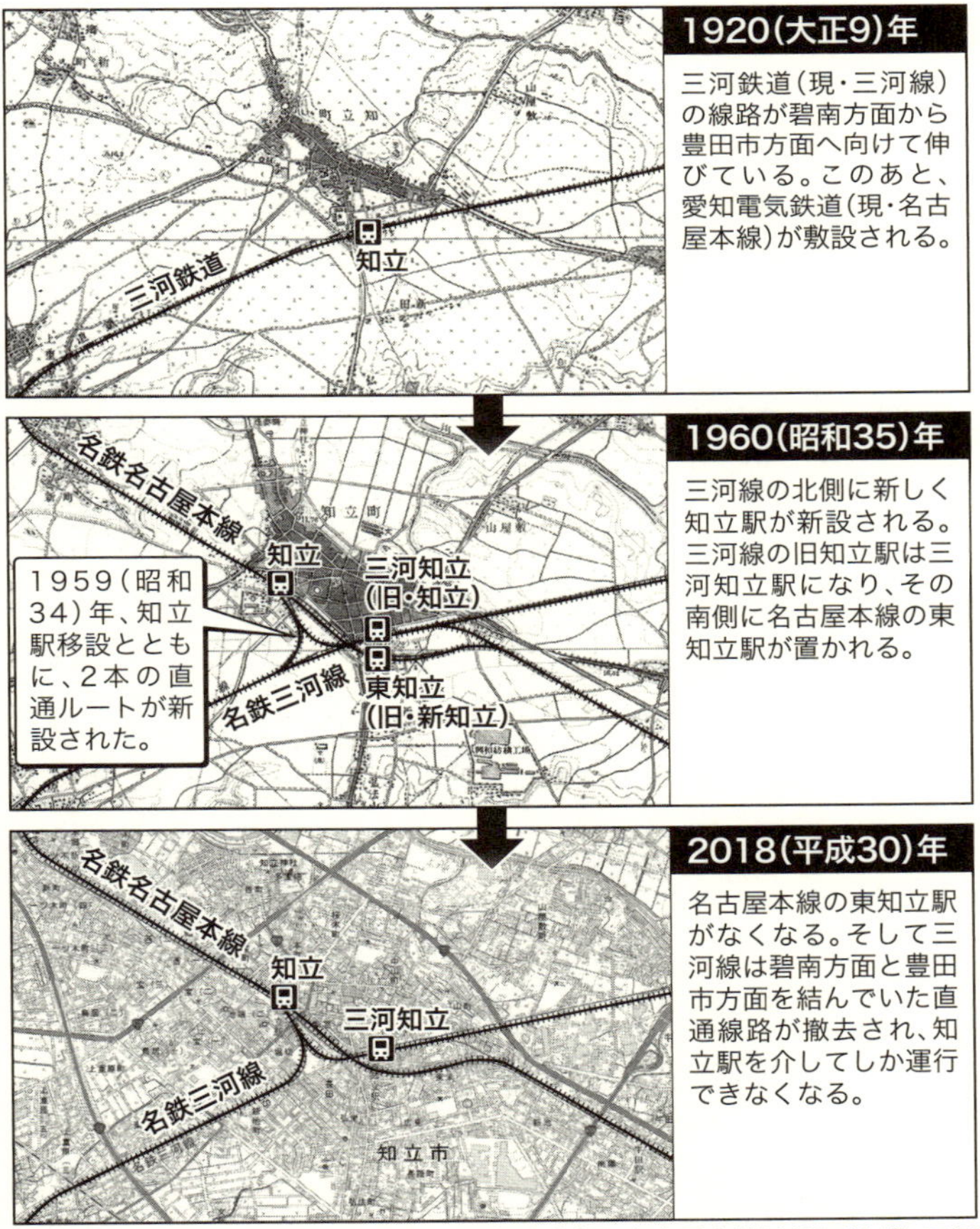
1920(大正9)年
三河鉄道(現・三河線)の線路が碧南方面から豊田市方面へ向けて伸びている。このあと、愛知電気鉄道(現・名古屋本線)が敷設される。
三河鉄道
知立
1960(昭和35)年
三河線の北側に新しく知立駅が新設される。三河線の旧知立駅は三河知立駅になり、その南側に名古屋本線の東知立駅が置かれる。
名鉄名古屋本線
知立
三河知立
(旧・知立)
東知立
(旧・新知立)
名鉄三河線
1959(昭和34)年、知立駅移設とともに、2本の直通ルートが新設された。
2018(平成30)年
名古屋本線の東知立駅がなくなる。そして三河線は碧南方面と豊田市方面を結んでいた直通線路が撤去され、知立駅を介してしか運行できなくなる。
名鉄名古屋本線
知立
三河知立
名鉄三河線
知立市

知立駅周辺の線形が複雑なのは、愛知電気鉄道(現・名古屋本線)が延びた際、三河鉄道(現・三河線)の知立駅に乗り入れず、その手前で独自の知立駅を設けたからである。そして両社が同じ名鉄になると連絡線ができて複雑になった。

市内中心部を走る名鉄線とＪＲの岡崎駅が離れているワケ

名古屋本線 NH 13

東岡崎
ひがしおかざき
HIGASHI OKAZAKI

岡崎市の中心市街地は、名鉄名古屋本線の東岡崎駅前である。旧東海道が走る市街地は、江戸時代は街道有数の宿場町として栄え、現在も賑わいが絶えない場所だ。

岡崎市の地図を見ると、奇妙なことに気が付く。市の中心に名鉄の東岡崎駅がある一方で、ＪＲ東海道線の岡崎駅は、そのはるか四キロメートル南の羽根地区にある。なぜ名鉄の駅に比べ、ＪＲの岡崎駅が中心市街地から離れたところにあるのだろうか。

これには、東海道線が敷かれた頃、明治時代の事情が関わっている。当時の人々は、鉄道の開通を喜ぶ人もいれば、逆に嫌う人もいた。岡崎は江戸時代以来東海道が通り、旅人が立ち寄って潤ってきた宿場町である。鉄道が通れば、人々が素通りして町が衰退していくことが憂慮される。そのため一八八八（明治二一）年の敷設に際し、岡崎の宿場の人々が市街地での開通に反対したのだといわれている。

だがこうした鉄道忌避に原因を求める考え方には異論が多い。地理学者の青木栄一氏によると、地理的な要因で東海道線のルートが決まった可能性があるという。

岡崎宿から4km 離れた岡崎駅

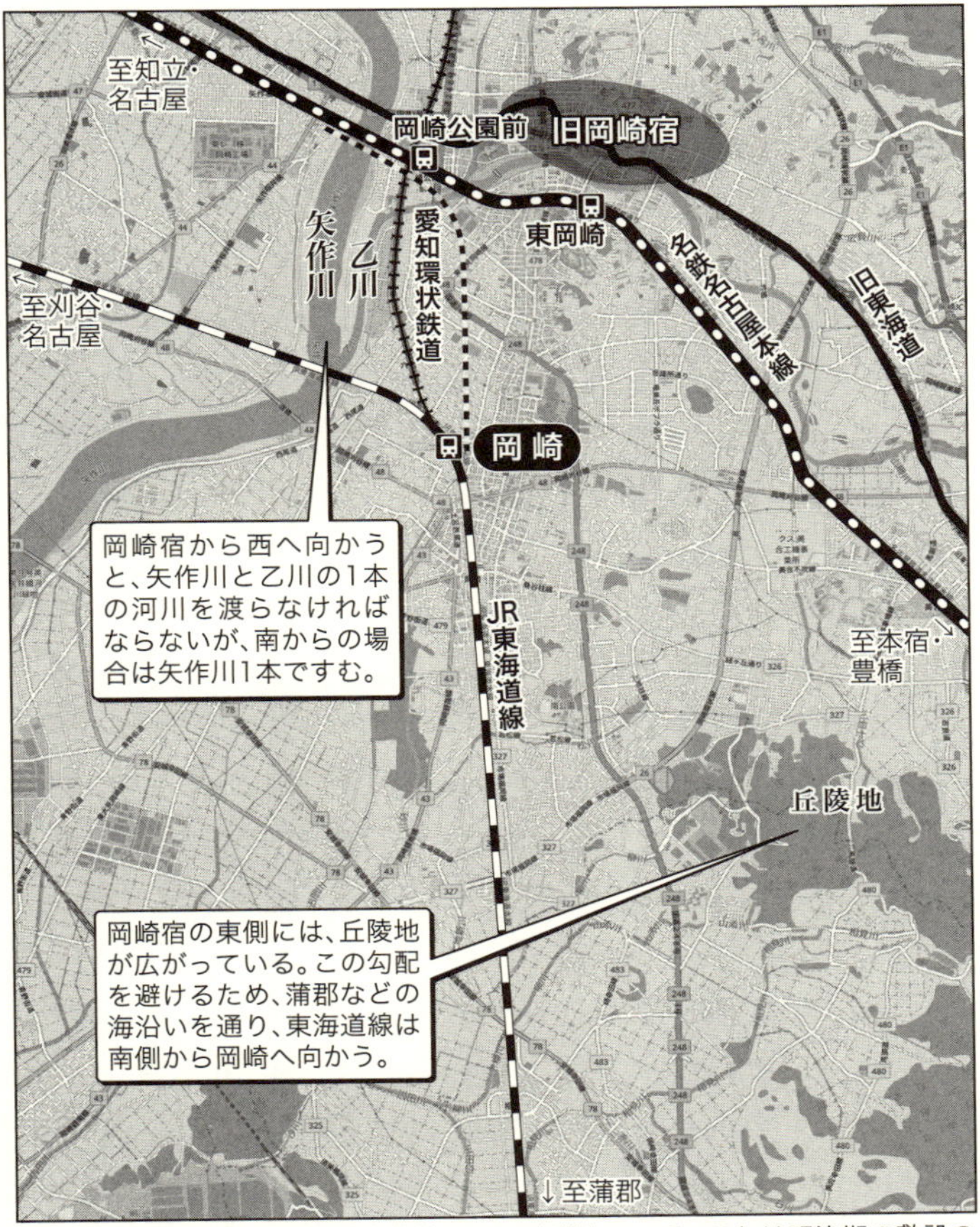

JR東海道線の岡崎駅は、岡崎市街地と4kmも離れている。これは明治期の敷設の際、橋梁を2本架けるコストを嫌い、架橋地点を矢作川1本だけを越えれば済む場所に設定しようとしたためである。（Map Data:©OpenStreetMap）

まず東海道線が、豊橋〜岡崎間を旧東海道と並行せず、海沿いの蒲郡《がまごおり》を通るルートにしているのは、その地形に理由がある。旧東海道ルートでは、豊川と矢作川《やはぎがわ》の分水嶺《ぶんすいれい》を越えなければならず、十数キロメートル以上にわたり一六パーミルほどの急勾配区間になってしまう。一方、蒲郡を抜ける海岸ルートを選ぶと、一〇パーミル以下の勾配で済む。

海岸を抜けた東海道線は、そこから北上して岡崎方面へ向かう。しかし岡崎の市街地へ到達せず、南方四キロメートルの地点で西へ折れて矢作川を渡り安城へ向かう。青木氏によると、ここで西へ折れる線形になっているのは、矢作川がポイントだという。現状では、矢作川を越える橋は一本だけだが、もし岡崎の市街地まで到達していたら、乙川も渡る必要が生じ、二本の橋が必要となる。そこで費用を抑えるために、橋が一本で済む現在の位置に岡崎駅を置いたということらしい。

こうして東海道線が岡崎市街地の外れを通ることになったが、その後、岡崎の人々は鉄道の誘致運動を活発化させる。一八九五（明治二八）年に行なわれた岡崎駅の複線化と一九二〇（大正九）年の駅舎改築時には、岡崎駅の市街地移転運動が展開されている。その後の一九二四（大正一三）年、愛知電気鉄道が岡崎の市街地を通ることになった際には、岡崎市街地（旧岡崎宿）北側と南側に分かれて誘致が行なわれた。結果は、北側は鉄道敷設に適した地形でなかったため、南側の現在地に東岡崎駅が設置されて現在に至る。

国鉄に無視されかけた大曽根の人々が奔走した瀬戸線誕生秘話

瀬戸線

多くの場所で私鉄は、ＪＲの路線と競合関係を余儀なくされている。名鉄の名古屋本線とＪＲ東海道線が一宮《いちのみや》付近でデッドヒートを繰り広げる光景は有名だ。これは、国鉄（現・ＪＲ）の路線があったところに、あとから名鉄が並行する路線を敷いたために起こったものだ。一方、名鉄瀬戸線《せとせん》には、こうした事例とは異なる興味深い誕生秘話が伝わっている。

現在の名鉄瀬戸線は、ＪＲ東海の中央本線、名鉄の瀬戸線、名古屋市営地下鉄の名城線が乗り入れる大曽根駅を基点とし、尾張瀬戸駅へと延びる。その開業のきっかけは、なんと国鉄からのある要求だった。

それは、「大曽根駅を開設してほしいなら、瀬戸から大曽根駅までの交通機関も整備してください」というもの。

一八九二（明治二五）年、名古屋と塩尻・長野方面を結ぶ中央線の敷設が始まると、大曽根の人々は駅の誘致を行なったが、失敗に終わる。一八九四（明治二七）年には千種と勝川には駅を設置することになったが、このときも大曽根は駅建設の候補地から外されてしまった。

そこで大曽根は、それまで交通の要衝として栄え、木綿や塩などの集散地であったから、列車の通過地になっては困ると、「中央鉄道大曾根停車場設置期成同盟」をつくり、何度も国に駅をつくってほしいと陳情したが、結局無視されてしまう。

そして、一九〇〇（明治三三）年には、中央線の名古屋～多治見《たじみ》間が開通した。

このままでは、〝取り残されてしまう〟と慌てた大曽根の人々は、愛知県にも協力を要請し、再度国鉄との交渉に当たる。このとき、国鉄から大曽根駅をつくる条件として出されたのが、駅舎を寄付することと、瀬戸から大曽根までの交通機関を自前で設置することだったのだ。

国鉄としても、瀬戸から大曽根までの交通機関が整備されれば、そちらからの旅客や貨物が増えるから、それなら大曽根に駅をつくっても損はないだろうと考えたようだ。

東海地方初の郊外電車の設立

大曽根の人々は瀬戸の人々との交渉を開始。瀬戸側としても陶器をはじめとする商品の輸送手段の利便性を高めることができるから、まさに渡りに船であった。

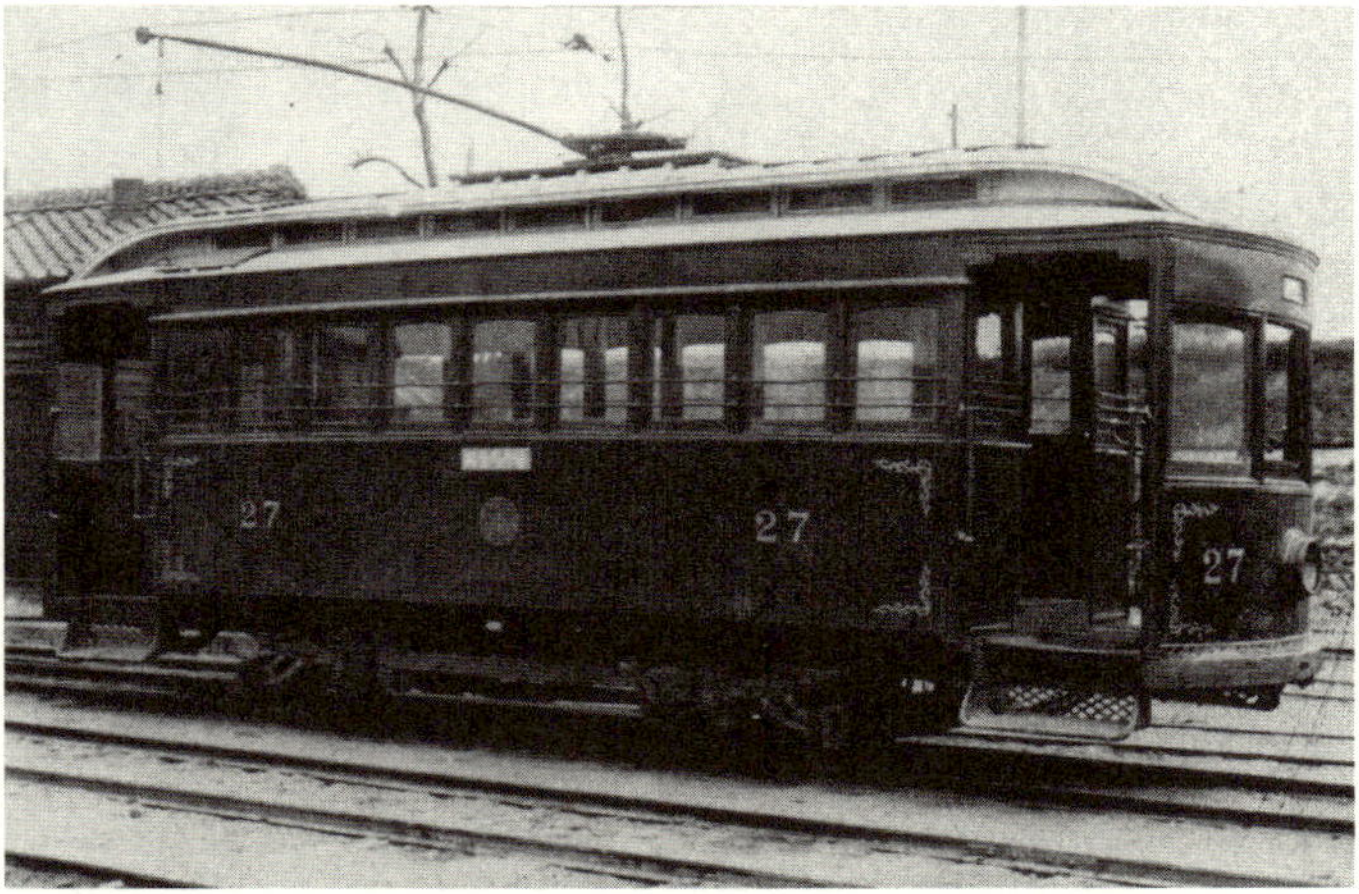

1919（大正８）年から瀬戸電気鉄道に導入されたテ1形27（後のモ20形）。こうした車両が名古屋〜瀬戸間を結んだ。

こうして、瀬戸と大曽根が半分ずつ資金を負担することとして、一九〇〇（明治三三）三月、地元有志の出資による資本金二三万円の瀬戸自動鉄道株式会社が創設された。

はじめ二五万円を目標額としたものの、どうしても集まらず、予定よりも少ない出資金での開業となった。一九〇六（明治三九）年には瀬戸電気鉄道と改称する。

このような苦労が実を結び、一九一一（明治四四）年、国鉄大曽根駅は開業した。誘致運動を始めてから一五年以上もの月日を要しての悲願成就である。

その後瀬戸電気鉄道は、一九三五（昭和一〇）年に名鉄に合併され、名鉄瀬戸線になり現在に至る。

三河線の敷設に尽力した老舗バーのオーナーとは!?

三河線

三河線は猿投《さなげ》～碧南間の約四〇キロメートルを結ぶ路線である。ただし全線を直通運転はせず、途中の知立駅（22ページ参照）で、猿投方面と碧南方面で運転系統が分けられ、別の路線のようになっている。知立～猿投間の通称が「山線」、知立～碧南間の通称が「海線」だ。

この三河線うち、山線にはほかの鉄道とは違った珍しい経歴がある。じつは東京浅草で今も営業を続ける神谷バーの創業者として知られる、ワイン醸造家の神谷傳兵衛《かみやでんべえ》によって敷設された路線なのだ。神谷傳兵衛は一八五六（安政三）年に三河国幡豆郡の一色町松木島《まつきじま》村で生まれ、横浜で洋酒の醸造技術を学んだのち、浅草にのちの神谷バーとなる「みかはや銘酒店」を開業。その後一九〇一（明治三四）年に茨城県稲敷郡岡田村《いなしきぐんおかだむら》（現・牛久市）にワイン醸造場「神谷シャトー（現・牛久シャトー）」を建設した、通称〝日本のワイン王〟である。

その神谷が、いかなる経緯で山線の敷設に至ったのか。

設立当初から経営参画したワイン王

一九一二（明治四五）年、知立から大浜《おおはま》までの碧海地区を結ぶ鉄道として碧海軽便《けいべん》鉄道が設立された。このとき、すでにワイン醸造で得た財産をもとに、数々の事業へ出資していた神谷に対し、会社側が同じ三河出身の縁から出資を求めたのが始まりである。

神谷伝兵衛の肖像。三河の松木島で生まれた伝兵衛は、ワイン醸造法を学んで国産ワインの先駆けとなった。

神谷は故郷からの申し出を快諾し、大株主として経営に参画した。神谷は「軽便鉄道ではなく、本式の鉄道としてはどうか」と提案。碧海軽便鉄道は三河鉄道と社名を改めて線路の軌間を一〇六七ミリメートルに変更し、さらに知立〜挙母《ころも》（現・豊田市）間への敷設も構想に加えた。

やがて一九一四（大正三）年に刈谷新《かりやしん》（現・刈谷）〜大浜港《おおはまみなと》

（現・碧南）間が開通した。しかし、開業当初から業績は振るわず、財政難でのスタートとなった。さらに同年には当時の社長だった久保氏が死去。合わせるように重役が次々に辞任するという緊急事態へ発展し、開業早々に存続の危機に立たされてしまう。

そこで三河鉄道の株主は、現状を打開するため、大株主でかつ取締役であった神谷に社長就任を要請。郷土愛の強い神谷は、三河発展の鍵を握る鉄道を絶やすまいと一念発起し、この要請を引き受ける。そして一九一六（大正五）年、神谷はワイン醸造家でありながら、三河鉄道の三代目社長に就任したのである。

自ら陣頭に立ち山線敷設に尽力

社長に就任した神谷は、この苦境を脱するには路線延長が急務であると考えた。当時は、一九一五（大正四）年に知立駅まで路線が延びただけで、知立以北は手付かずの状態。神谷率いる三河鉄道は、すぐさま知立以北の用地買収に取り掛かった。

しかし沿線予定地の人々の反応は芳しくなかった。かつて同様のルートで申請していた信参《しんさん》鉄道という会社があり、計画半ばで頓挫して沿線の投資者たちが損害を被った経緯があるからだ。そこで神谷は、自ら沿線予定地を回り、熱心に協力を求め続けた。神谷の姿勢や人柄に心を打たれたのか、最初は無関心だった人も次第に賛同的になり、株式の引き

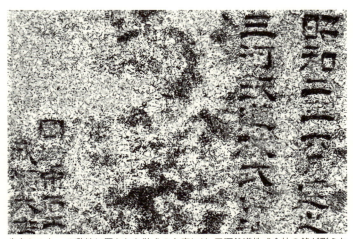

牛久シャトーの敷地に置かれた狛犬の台座には、三河鉄道株式会社の銘が彫られている。

受けや用地提供に協力してくれるようになった。そして一九二〇（大正九）年に知立～挙母間が開通し、二年後には越戸《こしど》駅まで延伸することができたのである。

そして第一次世界大戦の好景気から、客貨や貨物が次第に増え、三河鉄道の経営は改善された。

山線を敷設し、三河鉄道を立て直した神谷は、三河鉄道が越戸駅まで開通した三か月後にこの世を去った。

神谷が設立した牛久シャトーの敷地には、「昭和二年六月建立・三河鉄道株式会社」と台座に刻まれた一対の狛犬がある。神谷の七回忌に際し、三河鉄道の従業員が寄進したものだ。三河鉄道の立て直しに尽力した神谷の功績が偲ばれる。

参詣客で賑わう豊川線はまったく違う目的で敷かれた！

豊川線

豊川線は、名古屋本線の国府《こう》駅から八幡《やわた》駅、豊川市の中心市街地である諏訪町《すわちょう》駅を通り、稲荷口駅から豊川稲荷駅へ至る、総延長七・二キロメートルの短い路線である。終点の豊川稲荷駅はその名の通り、豊川稲荷への最寄り駅となっており、ＪＲ飯田線の豊川駅と隣接している。

豊川稲荷は、名前だけ聞くと神社のようだが、豊川閣妙厳寺《とよかわかくみょうごんじ》という曹洞宗《そうとうしゅう》の寺院。京都の伏見《ふしみ》稲荷とともに、日本三大稲荷のひとつに数えられる（諸説あり）。愛知県内では熱《あつ》田神宮《たじんぐう》に次ぐ人気を誇り、とくに初詣の時期には一〇〇万人以上が訪れ、名古屋方面からのアクセスルートである豊川線も、毎年大混雑となる。

豊川稲荷への主要な参詣路線となっている豊川線だが、敷設は一九四五（昭和二〇）年一月と、意外にも新しい。しかも当初は、豊川稲荷への参詣などとはまったく違う目的で敷設された路線だった。

豊川線は、いったいどのような目的で敷設されたのか、当時の情勢から見ていきたい。

参詣者で賑わう妙厳寺。境内に祀られる豊川吒枳尼真天から豊川稲荷の名で呼ばれる。

海軍工廠への通勤路線

昭和一〇年代、日本は他国との戦争へ備えて軍備拡張を行なっていた。海軍は、豊《とよ》川町《かわちょう》、牛久保町《うしくぼちょう》、八幡村にまたがる本野《ほんの》ケ《が》原《はら》という地域を開発。一九三九（昭和一四）年に戦闘機や艦船の機銃、弾丸などの兵器を製造する工場を新設した。これが現在の諏訪町駅の北側に広がっていた豊川海軍工廠である。

開庁時には機銃部の第一機銃工場など、一部の施設しかなかったものの、その後は光学部や火工部、指揮兵器部などが次々に建設されていった。一九四三（昭和一八）年には一〇〇万坪におよぶ敷地を有し、学徒動員も含めて工員は6万人に達した。

しかし、豊川海軍工廠で働く彼らは、通勤に不便を感じていた。当時、豊川一帯には、豊橋駅と長野県の辰野駅をつなぐ国鉄（現・JR）飯田線しかなく、名古屋方面から通う場合は、名鉄の名古屋本線で豊橋駅や伊奈《いな》駅へ至り、そこから飯田線へ乗り換えるという、遠回りになるルートで通勤していた。また御油駅と国府駅から直通バスも出ていたが、ガソリン不足のなか頻繁に走ることはなく、通勤者は不便を強いられていた。

そこで海軍は、名鉄の路線から海軍工廠の正門前につながる路線「豊川市内線」の新設を名鉄に要請したのである。

他線をリサイクルして敷設

だが一九四三年は太平洋戦争の真っただ中である。戦時体制が強化されるなか、新しく鉄道を敷設するための資材など入手困難な状況だった。しかし、軍部の要請を受けたからには従うしかない。名鉄は碧西線《へきさいせん》（新安城〜西尾〜吉良吉田間）のレールを転用。また揖《い》斐線《びせん》や谷汲線《たにぐみせん》の車両や渥美線《あつみせん》の天白変電所の設備を使うなど、四苦八苦しながら一九四五年に国府〜市役所前（現・諏訪町）間の四・四キロメートルの豊川市内線を開通させたのである。

こうして軍部の要請によって半ば無理やり敷設された豊川市内線だったが、終戦によっ

豊川線の敷設経緯

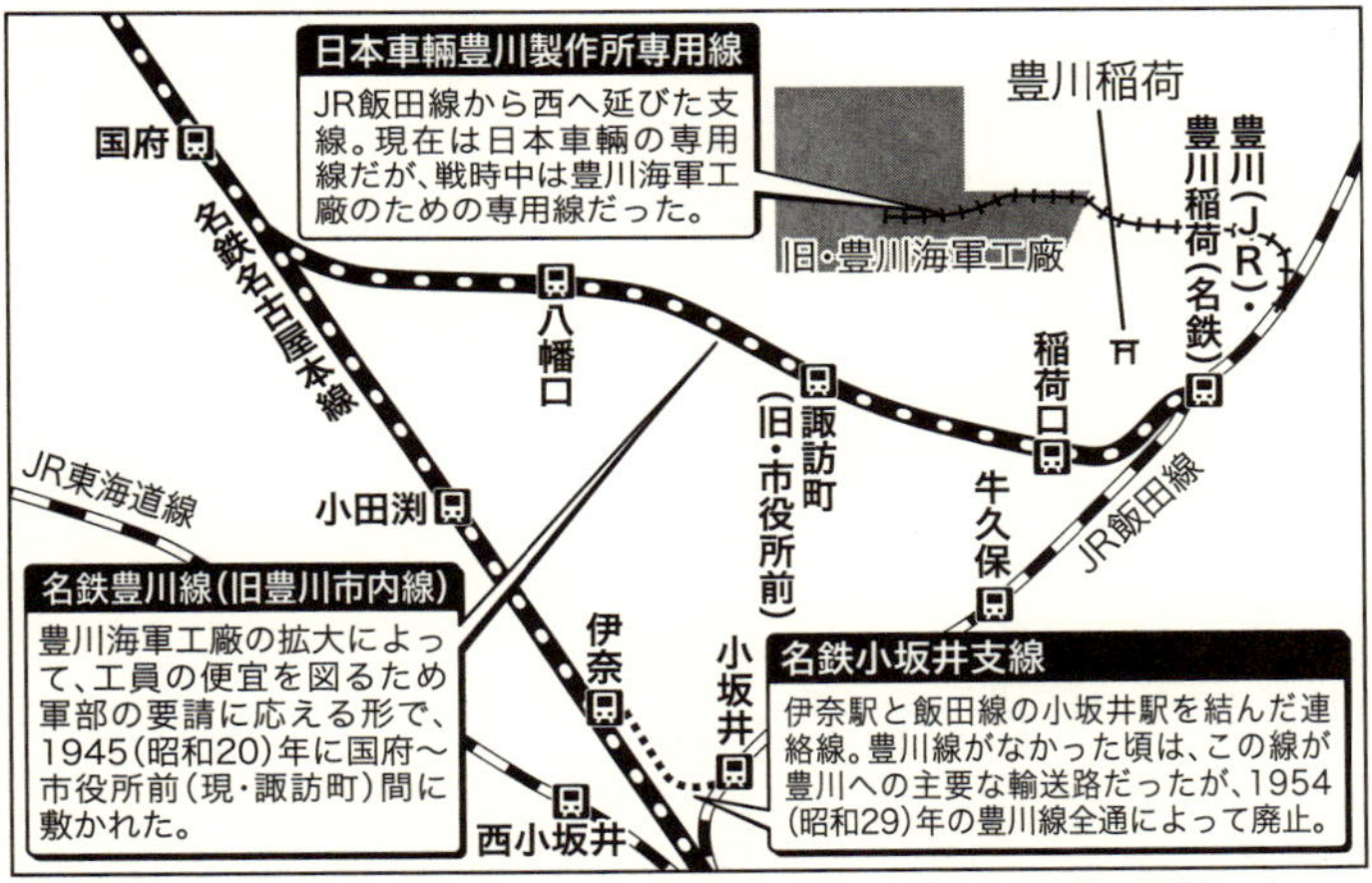

いまでこそ豊川稲荷への参詣客で賑わう豊川線だが、当初は軍部の要請によって敷設された工廠の工員のための路線だった。

て違った性格の路線となる。

目的地だった豊川海軍工廠は、八月七日の爆撃によって壊滅状態となり、戦後は再建されなかった。跡地は自衛隊駐屯地や企業の工場などに転用された。

そこで名鉄は一九五四（昭和二九）年、工員輸送がおもな役割だった豊川市内線を、豊川稲荷への参詣路線へと位置づけを変えた。五年後には諏訪町～稲荷口間が開業。同年末には稲荷口～新豊川（現・豊川稲荷）間を延伸し、豊川線と改称したのである。

この延伸線の開業により、豊川稲荷への参詣には、従来の飯田線ルートに新たなアクセスルートが加わった。これによって、初詣などの混雑が分散される効果が生み出されたのである。

住民自ら工事参加！ 三河線を現在のルートへと導いた熱意の記録

三河線

MY
04

竹村
たけむら
TAKEMURA

知立駅から三河線に乗り豊田市方面へ行くと、名鉄の線路は三河知立駅から真っ直ぐに三河八橋《みかわやつはし》駅へ向かう。そして逢妻男川《あいづまおがわ》に沿ってさらに北東へ向かう。若林駅、竹村駅、土橋駅と通り過ぎると、逢妻男川を左手に見送り、上挙母駅、豊田市駅へと至る。

三河線がこのルートになったのは、じつは途中の竹村駅周辺の人々の尽力による。彼らは沿線の町村の中で、もっとも鉄道を積極的に誘致し、現在の竹村を経由するルート決定に大きな影響を及ぼした。彼らはいったいどのような誘致戦略を使ったのだろうか。

一九一四（大正三）年、三河線の前身である三河鉄道は、刈谷新～大浜港間に鉄道を敷設しながら、知立以北への延伸の準備を進めていた。三河鉄道が沿線の町村へ提示した条件は以下の通りである。

①駅を設置する場所では、地元が三河鉄道の株券を五〇株以上負担する。
②駅の建設のための用地二～三反歩を三河鉄道に寄付する。
③路線用の土地の売り渡し価格は、一反あたり一五〇円以下にする。

これが、三河鉄道が路線を敷設する条件だった。確かに、鉄道が通れば沿線の町村は便利になるだろう。だがこうした一方的な条件を飲むには、地元の財政が厳しい状況にあった。当然、沿線予定地の町村は非協力的になっていく。

金銭負担をしてでも駅を誘致

三河鉄道は、挙母へ至る方法として四つのルートを検討していた。ひとつ目は、八橋、若林を通ったあと、斜めにそれて現在の国道一五五号を通って土橋へ至るルート。二つ目が竹村を通る現在と同じルート、三つ目が知立から中田、前林、堤町を結ぶ、逢妻男川をさかのぼるルート。そして四つ目が八橋から東側へ抜け、和会《かずえ》、上野（上郷町）、鴛鴨《おしかも》を通る、現在の愛知環状鉄道の位置を走るルートである。

このうち、ひとつ目と三つ目、そして四つ目のルートは、沿線予定地の人々の同意を得ることができなかった。なかには、少数の人々が三河鉄道を誘致しようとしていたが、多くの住民が「農地、土地を手放さない」「都会の気風が押し寄せ、風紀を乱す」として反対した。当時は鉄道の利便性なども十分に知られている時代だったが、それでもなお忌避《きひ》する人々が多かったのである。土地の寄付や地元の持ち出しまで求められてはなおさらだ。

だが、竹村の人々は違った。地域の発展は鉄道にある、と考えていたのだ。

竹村では、村会議員や各区長（竹村は竹上地区、竹中地区、竹下地区の三つに分かれている）が、鉄道の誘致や反対者の説得に一丸となって取り組んだ。また三河鉄道側から提示された五〇株引き受けの条件に対しては、竹上地区が二五株、竹中地区が一〇株、竹下地区が一五株を引き受け、その後は各地区の有力者が引き受けた。そして駒場でも問題視された駅の用地の問題は、地主の協力のもと三河鉄道へ無償譲渡された。

こうした竹村の住民の努力によって、三河鉄道は現在のルートに決まる。一九一八（大正七）年には敷設工事が始まり、駅と線路をつくる場所へトロッコで次々に土が運ばれた。この時期になると、当初は鉄道敷設に反対していた人も工事を見にくるようになった。

途中で工事が滞り、このままでは開通の予定が延期になるかもしれない、という話が出た際には、竹村の住民が自ら進んで工事に参加した。土木作業をともなう重労働だが、それよりも夢の鉄道の開通が待ち遠しかったのだろう。竹村だけでなく土橋でも住民が工事を行なっている。土橋では住民が交代で、駅へ達する道路の付け替え工事を行なったほか、駅に荷を運ぶのに直線の道がよいとして、駅前の法雲寺の参道の向きも動かしている。

こうした住民参加の工事が行なわれ、一九二〇（大正九）年七月には土橋駅まで、翌月は上挙母までが開通。三河鉄道の山線が走り始めたのである。

三河線の候補に挙がった四ルート

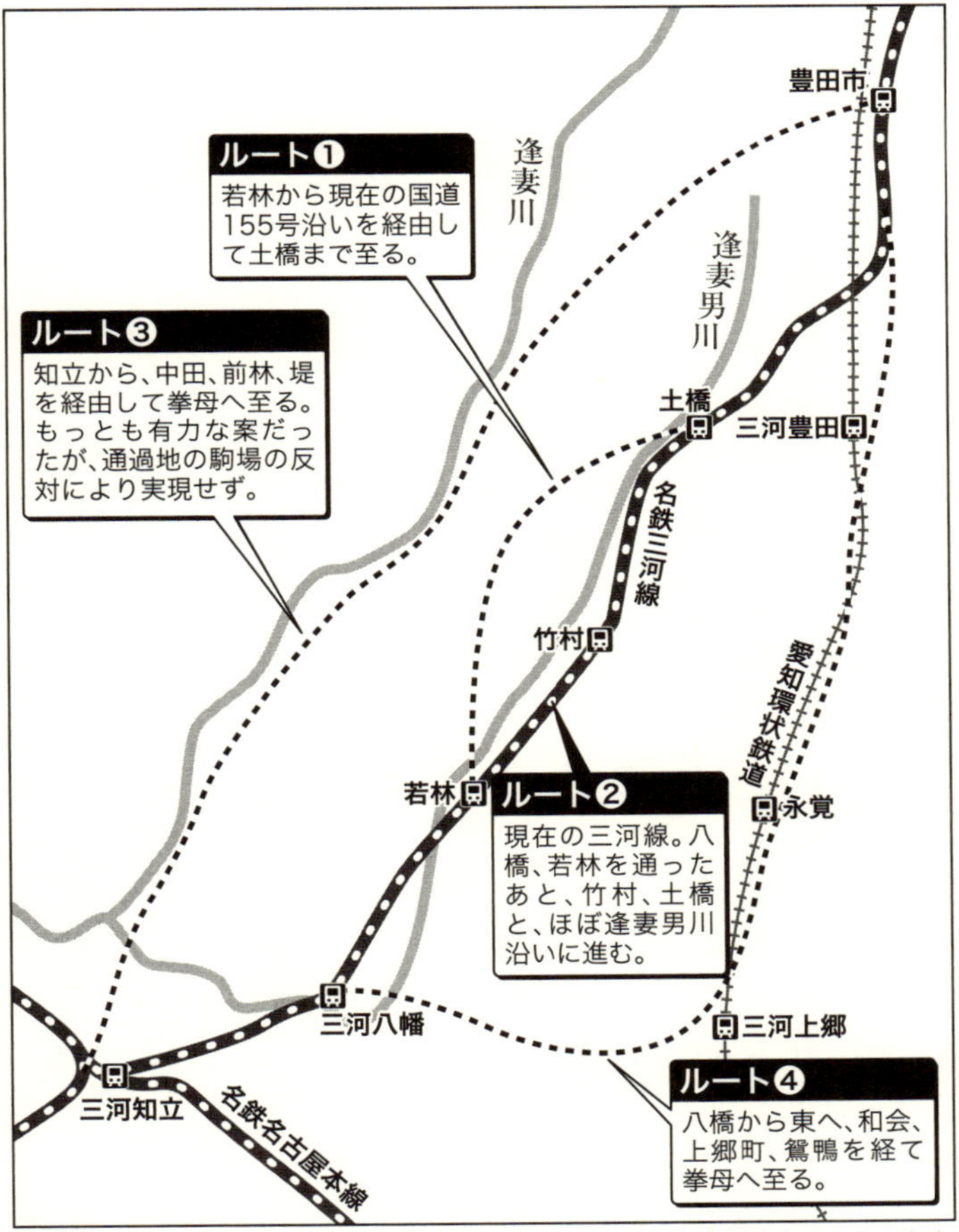

三河線の前身、三河鉄道が山線を敷設する際、4つのルートを策定した。そのなかで竹村の住民が誘致したため、唯一竹村を通るルート2が選ばれた。

ライバルを押し戻せ！ 羽島線が生まれたもうひとつの事情とは？

羽島線 TH 09

新羽島
しんはしま
SHIN HASHIMA

愛知県、岐阜県にわたり広大な路線網をもつ名鉄は、新幹線との乗換駅を三つも抱える。名古屋駅と豊橋駅、そして羽島線の終点・新羽島駅である。東海道新幹線の岐阜羽島駅に隣接し、岐阜方面へ向かう多くの乗客が乗り換える。

ただし、新羽島駅へ乗り入れる羽島線は、江吉良《えぎら》〜新羽島間のわずか一区間でしかない。

この短い路線は、新羽島駅開設に合わせて一九八二（昭和五七）年、笠松〜大須間を結んでいた竹鼻線《たけはなせん》から分岐する形で敷設された。それまで岐阜羽島駅へ向かう乗客は、羽島駅（現・羽島市役所前駅）で下車したのち、バスやタクシーなどを使って岐阜羽島駅まで移動するほかなかったが、羽島線の開業によって鉄道によるアクセスも可能になった。

このように羽島線は、新幹線へのアクセス向上のために敷設された路線だが、それ以外にも、敷設への余儀ない事情があった。それは、ライバルである近鉄の存在である。ただし近鉄は、近畿地方や伊勢、名古屋に沿線圏をもつ鉄道会社であり、岐阜県内を走る路線の話題に登場しても、あまりピンとこないだろう。その近鉄が、なぜ岐阜県内の羽島線と

近鉄岐阜線（未成線）と名鉄羽島線

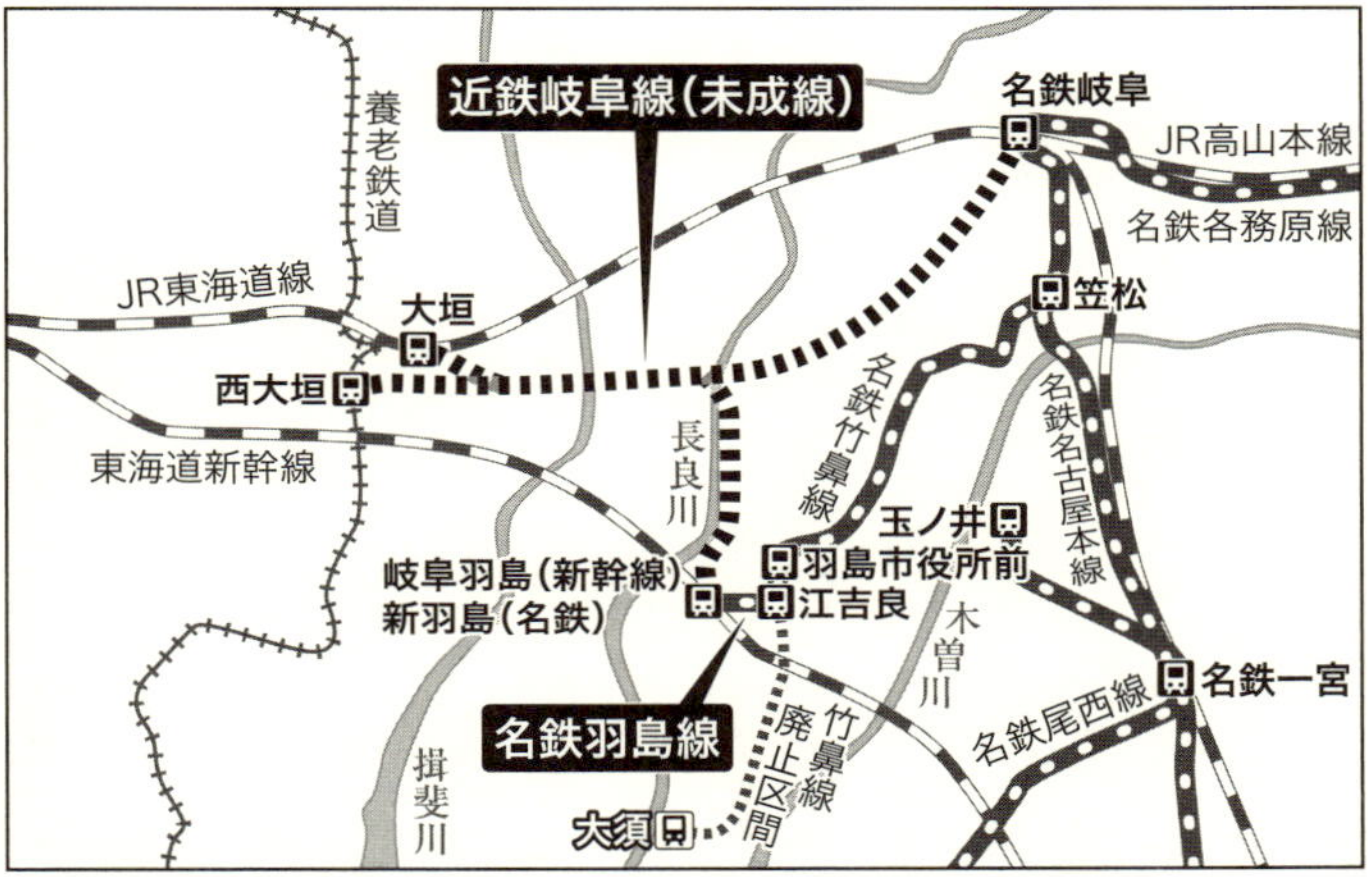

東海道新幹線の岐阜羽島駅開設にともない、近鉄が岐阜線を計画した。一方、対抗する名鉄は羽島線を計画し、結局名鉄が認可を受けて近鉄を退けた。

関係しているのだろうか。

近鉄岐阜線を阻むために敷設

じつは近鉄は、岐阜線（西大垣～岐阜間）の鉄道敷設免許をもっていた。それは一九二八（昭和三）年に養老電気鉄道（現・養老鉄道）が取得したものである。養老電気鉄道が近鉄の前身会社のひとつである伊勢電気鉄道（以下、伊勢電）によって買収され、この免許も引き継がれた。このとき伊勢電は岐垣国道（岐阜～大垣間）の建設を急いでいた岐阜県の協力を取り付け、揖斐川と長良川《ながらがわ》を渡る橋の費用を半分負担してもらい、鉄道と道路の併用橋として揖斐大橋と長良大橋を完成させている。

しかし伊勢電の経営状況が悪く、岐阜線

は敷設されることなく参宮急行電鉄へ合併され、敷設免許は近鉄へ引き継がれた。

やがて一九五九（昭和三四）年に東海道新幹線の岐阜羽島駅が開設されることが公表されると、近鉄はその二年後、生きていた敷設免許を再利用して岐阜線を申請する。西大垣駅から東進して揖斐川、長良川を渡ったあと、岐阜羽島駅を経由して岐阜市内へ至る計画だ。

――近鉄が岐阜羽島駅を狙っている――。この情報を聞きつけた名鉄は、たちまち大騒ぎになった。近鉄の岐阜線が開通すれば、岐阜県南部に広がる名鉄の沿線圏が侵されることになるうえ、岐阜羽島駅を使う新幹線の乗客がそちらへ流れてしまう。何とか近鉄の岐阜線に対抗しなければならないため、岐阜～岐阜羽島間のモノレールや、長良橋～宇佐～岐阜羽島間、長良橋～宇佐～大垣～養老間の鉄道などの新線が急遽計画された。

結果として選ばれたのは、竹鼻線を利用するアイデア。一九四四（昭和一九）年以来休止していた江吉良駅を復活させて、そこから岐阜羽島駅へ分岐する、現在の羽島線を申請することになった。そして一九六三（昭和三八）年に、近鉄の申請が見送られるなか、敷設免許を取得し名鉄の完全勝利に終わったのである。

羽島線は、単なる新幹線へのアクセス路線かと思いきや、ライバル・近鉄とのせめぎ合いによって生まれた路線だったのである。

路線もないのになぜ？美濃市に名鉄電車が並んでいるワケ

美濃町線ほか

※廃線

岐阜県の中心市街地である岐阜駅周辺から北東へ一五キロメートルほど、長良川の上流側に美濃市がある。ユネスコ無形文化遺産に登録されている本美濃紙や、国重要伝統的建造物群保存地区に指定された町並みが名高く、家々の屋根の両端に張り出した防火壁〝うだつ〟が町のシンボルともなっている。うだつは次第に装飾性を高め、富の象徴となったため、よい身分になれないことのたとえである「うだつが上がらない」という言い回しが生まれた。

公共交通機関を使ってこの美濃市へ行く場合は、長良川鉄道に乗るほかない。ＪＲ高山線と太多線《たいたせん》が乗り入れる美濃太田《みのおおた》駅から三〇分で美濃市駅へ到着する。

この美濃市駅で降り、駅前の大通りを二〇〇メートルほど進むと奇妙なものがある。駅のプラットホームが忽然と現われ、路面電車が並んで停まっているのだ。車庫にように思えるが、電車の下に敷かれたレールはどこにもつながっていない。まるで駅のようなこの施設の正体は、そのまま駅前通りを直進すればすぐにわかる。建物の入り口には、「旧名鉄美濃駅」という看板が掛かっている。つまり、これは名鉄の廃駅跡だったのである。

岐阜県内を走った名鉄線の路面電車

名鉄はかつて岐阜県南部の広大な地域に路面電車を走らせていた。しかし自家用車には対抗できず徐々に廃止され、2005(平成17)年に全廃となった。(©Map Data:OpenSreetMap)

美濃駅は、名鉄美濃町線（徹明町～美濃間）の終点だった駅である。一九一一（明治四四）年に美濃電気軌道の上有知駅として開業し、一九九九（平成一一）年に廃止された。

保存された旧美濃駅舎は、廃止当時でも珍しい大正期の建築物で、下見板張りにハーフティンバーを組み合わせたモダンなデザインとなっている。美濃町線は廃止されたものの、美濃駅のこの駅舎は産業遺産として評価が高く、地元のボランティア団体が保存に尽力。翌年から「旧名鉄美濃駅」という観光施設としてオープンした。やがて駅舎だけでなく、実際に運行されていた車両までも展示するようになり、鉄道博物館のようになったのである。

旧名鉄美濃町線の終点・美濃駅跡。プラットホームや線路がそのまま残され、岐阜県内を走っていた路面電車が保存されている。

美濃駅跡に保存された駅舎。木の枠のなかに壁をはめこむハーフティンバー様式の姿は、大正当時の姿のままである。

第二章

名鉄の㊙ヒストリー

便利だった名鉄と近鉄の直通運転が、解消されてしまったのはナゼ？

名古屋本線 NH 36
名鉄名古屋
めいてつなごや
MEITETSU NAGOYA

一九五〇年代〜六〇年代にかけて、名鉄と近鉄がライバル関係にあったことは有名な話である。各地で繰り広げられる不動産開発競争や、ホテル開業競争などにとどまらず、〝伊勢湾海戦〟と呼ばれた海上輸送競争（70ページ参照）、岐阜羽島駅乗り入れ競争（44ページ参照）など、両社のつばぜり合いを示すエピソードは枚挙にいとまがない。

ところが、そうした両社が、相互直通運転が行なっていた時期がある。現在、両社の路線を乗り換える場合は、名鉄名古屋本線と近鉄名古屋線が接続する名古屋駅構内に設けられた改札口を通る必要があるが、かつては名鉄名古屋本線を走る一部の列車が、近鉄の線路を走り、近鉄の桑名《くわな》駅や近鉄四日市駅、伊勢中川駅へ乗り入れ、名古屋本線沿線の豊橋や岡崎から名古屋駅で乗り換えることなく、伊勢方面へ行くことができた。一方、近鉄の列車も名古屋本線へ乗り入れ、三重県側の観光客を運んでいたのだ。

乗り換えなしで豊橋駅から伊勢方面まで行くことができたというのは驚きだが、実際はどのような方法で行なわれていたのか。

協調路線だった名鉄と関急

名鉄と近鉄の直通運転が始まったのは、一九五〇（昭和二五）年のこと。両社の線路をつなげた場所が名古屋駅である。

名古屋駅にはまず、一九三八（昭和一三）年に近鉄の前身である関西急行電鉄（のちに参宮急行電鉄へ改称）が国鉄の地下へ乗り入れ、一九四一（昭和一六）年には名鉄の名岐線（名古屋～岐阜間）が、その三年後にはもう一方の豊橋線（名古屋～豊橋間）がそれぞれ地下へ乗り入れた。

国鉄の地下に設置したホームが隣接する形となった両社は、直通運転を見据えて、ホームの間に渡り線を設けた。当時の参宮急行電鉄の田村四日市営業所長は、「名古屋に乗り入れたあとは名鉄と乗客の奪い合いになる」と予想しながらも、「同業他社と連絡し、名鉄方面からの客を当社に誘致し当社の客を名鉄に送るという、相手を富まして我も富むような政策を進めていきたい」という抱負を述べている。のちに熾烈な競争を繰り広げた両社だが、このときは協調路線を歩もうとしていたのだ。

ただし、線路はつながっていたものの、直通運転が実現したのは戦後のこと。参宮急行電鉄が近畿日本鉄道になり、一九五〇年八月四日にようやく団体列車に限っての直通運転が始まったのである。

沿線人口の増加に伴う増発によって中止

戦前に計画され、満を持して実現した直通運転だったが、二年半後の一九五二（昭和二七）年一二月一〇日に中止されてしまう。なぜ短期間で終わってしまったのだろうか。

その理由は、輸送力増強を優先させたことにある。当時は沿線人口が増え、両社では運行本数を増やすことが急務であったが、この直通運転があるためにダイヤ設定に制約が生じていたのである。大勢の一般客が利用していたというならばこちらを優先させたが、団体列車に限った運行であり、利用客は期待していたほど多くなかったのである。

中止された直通運転は、その後二度と再開されることはなかった。直通運転が行なわれていた当時、両社のレール幅は、同じ狭軌（一〇六七ミリメートル）であり直通運転が可能だったが、近鉄が線路の幅を変更したのである。一九五九（昭和三四）年の伊勢湾台風来襲によって、名古屋線に大きな被害を受けた近鉄は、どうせ工事をするならばと、近鉄大阪線と同じ標準軌（一四三五ミリメートル）に改軌し、名鉄との直通を捨て名阪直通を選んだのである。これにより名鉄との直通運転は不可能になり、名古屋駅の渡り線もコンクリートで塞がれ、現在に至っている。

名鉄が市内列車を名古屋市に移管するきっかけとなった〝大事件〟とは？

名古屋鉄道

名古屋の市営地下鉄と名鉄、一見何の接点もなさそうだが、実は、市営地下鉄の前身は名鉄である。もう少し正確にいうと、市営地下鉄の前身が市電で、市電の前身が名鉄ということになる。もともと民営だった路線が、その後、公営になるということはとくに珍しい話ではないが、名古屋の場合、そうなったきっかけが、名古屋市民を震撼させたある大事件にあった。

名鉄（名古屋電気鉄道）が名古屋に生まれたのは、一八九六（明治二九）年のこと。その二年前に、愛知馬車鉄道として名古屋市内の路線を開業したものの、同年（一八九四）、日清戦争が勃発し、資金繰りが苦しくなったため、京都電気鉄道の協力を得て工事を行ない、路線を延伸。同じ頃、社名も名古屋電気鉄道と改めている。

こうして、名鉄によって敷かれた路面電車は、日本で二番目の市内電車として名古屋の街を走ることになったのだ。

ところが、市電路線の延伸を進めたまではよかったのだが、問題が起きた。それは、料金体系が区間運賃制だったことである。つまり駅をひとつ通過するたびに運賃が上がる仕組みだ。

一区間一銭と設定されており、駅の数が少なければよいが、実際は、栄町《さかえまち》～築港《ちっこう》間の場合で片道三六区間もあったから、運賃は三六銭、往復七二銭にもなった。当時は月給三〇円で標準的な生活ができるとされていたから、往復七二銭の運賃は、生活費一日分に近い額となる。そう考えると、現代なら、数千円の運賃といったところだろうか。「あまりに高い」といわれても仕方のない金額だった。

とはいえ、名鉄側が経営難であるなら多少大目に見られたのかもしれないが、一九〇八（明治四一）年上期から一九一四（大正三）年上期の名鉄の経営状況を見てみると、平均九パーセントから一〇パーセントもの配当を出しており、かなり潤っていたことがわかる。そうしたギャップが市民の怒りを増幅させていった。

市民の暴動による電車焼き打ち事件

一九一四（大正三）年九月六日、名鉄の運賃値下げを要求する市民有志による決起大会が鶴舞公園で行なわれた。大会には数万人が集まり、午後七時の解散後、デモ行進が行なわれた。これがエスカレートして、デモ隊が走行中の電車を襲って放火するという暴動に発展してしまう。

さらに暴徒は、名鉄本社、栄町営業所、柳橋駅へ押しかけ、放火したり物を壊すなどの暴挙に出たのである。

しかも、暴動は一日では収まらず、市内は緊迫した状態が続いた。翌日七日夜には、もはや警察官だけでは対応できないとして、県知事が軍隊の出動を要請するという事態にまで発展。ここに至りようやく暴動は沈静化した。名鉄はその後も八日、九日と全線運休となり、平常運転に戻ったのは一〇日からだった。

この事件で名鉄側は、市内線車両二二両と郊外線車両一両を焼き打ちされ、本社および栄町営業所が破損、柳橋駅が焼失という甚大な被害を被った。

結局この事件を契機に、名鉄の運賃制度が見直され、二銭、四銭、六銭の三区制が導入されたが、市民からは「市民の足は市営に」という要望があり、名古屋市は名鉄との買収交渉を開始した。

市内線は名鉄にとって利益の大きい黒字路線だったので、当初、名鉄は買収に難色を示していたが、焼き打ち事件の損害に加え、一九二〇（大正九）年、本社倉庫全焼などが重なってさらに経営が悪化したため、一九二二（大正一一）年八月一日、ついに市内線を名古屋市に移管したのである。結果、市電の運賃は五銭均一となった。

JR高山線を走った伝説の名鉄特急のルーツは、戦前にあった！

名古屋鉄道

名鉄には、鉄道ファンの間で語り継がれる伝説の特急列車がある。それは二〇〇一（平成一三）年に廃止された特急「北アルプス」号。名鉄の列車でありながら、新《しん》鵜《う》沼《ぬま》駅にあった渡り線からJR高山線へ乗り入れ、そのまま高山線内を走る珍しい運行形態だった。

一九六五（昭和四〇）年に準急「たかやま」号としてデビューして名鉄名古屋本線の神宮前～国鉄高山線の高山間を結び、翌年に急行列車に格上げされ飛騨《ひだ》古川《ふるかわ》駅まで延長。そして一九七〇（昭和四五）年には急行北アルプス号と改称し、富山駅まで延長したあと、富山地方鉄道へ乗り入れて立山《たてやま》駅に至る、三つの鉄道会社を経由する運行形態だった。

だが国鉄民営化以降、JR東海の特急ひだ号に押されて北アルプス号の運行は縮小していった。そして二〇〇〇（平成一二）年、東海北陸自動車道が飛騨《ひだ》清見《きよみ》まで延長し、高山～名古屋間の高速バス路線が開通すると、北アルプス号の乗客は激減。同時に名鉄は、高山方面への輸送を高速バス事業に切り替え、北アルプス号は翌年に廃止された。

この北アルプス号は、前述のように一九六五年の準急「たかやま」号がはじまりである。

しかし、高山線に乗り入れた「北アルプス」の真のルーツともいうべき列車が戦前に走っていた。それは一九三二（昭和七）年から運行されていた、名古屋の柳橋ターミナル（名古屋駅の南東にあった）から高山線の下呂《げろ》駅へ至る列車である。

下呂温泉行きの直通列車

当時、高山の南にある下呂温泉は新しい観光地として注目されていた。名岐鉄道（現・名鉄名古屋本線名古屋〜岐阜間）が濃飛自動車と協力して下呂温泉へのバス輸送を担当していたものの、鉄道はつながっておらず、アクセスが悪かった。そうした折、一九三〇（昭和五）年に国鉄高山線が下呂まで開通すると次第に観光客が増えたため、名岐鉄道は自社線から直通列車を走らせることにしたのである。

運行開始当初は、一般仕様の車両を二両だけ走らせていたが、翌年以降は尾西鉄道から引き継いだ車輌を半室畳敷に改造した車両を導入。毎週の土曜日の午後と、日曜日および祝日の午前中に柳橋を出発し、帰りは日曜日と祝日の午後発とした。その後、一九四〇（昭和一五）年には国鉄の客車に併結する形で富山までの直通運転が実施されるも、一九四三（昭和一八）年に戦況悪化により中止。飯田線に直通する観光列車の復活は一九六五年のたかやま号を待つことになる。

乗客が多すぎて廃線になった名鉄の路線がある!?

名古屋本線
尾西線
NH 50

名鉄一宮
めいてついちのみや
MEITETSU ICHINOMIYA

全国どこの話であれ、路線が廃止になったというニュースは寂しいものだ。

沿線の過疎化が進んで乗客が減少し、惜しまれつつ役目を終えるというのがお決まりのパターンだが、その反対に乗客が多すぎて廃線になったという珍しい路線もある。それが名鉄新一宮駅から、木曽川沿いの起《おこし》までを結んでいた起線である。乗客が多ければ、車両や運行の数を増やせばいいと思うところだが、そうしたくてもできない理由があった。

起は、東海道と中山道《なかせんどう》を結ぶ美濃路《みのじ》の宿場町で、木曽川の渡しがある河川交通の要でもあった。織物工業も盛んな活気ある町で、尾西地方の物資の集積地である一宮との距離は五キロメートル強、早くから人も物も頻繁な往来があった。

だが、明治時代に開通した東海道線も尾西鉄道も起を通らず、人々はやむなく乗合馬車や乗合自動車、人力車、自転車などで一宮との間を行き来していた。そのため鉄道敷設を熱望する声は数多く、県道上に路面電車を走らせる計画が立てられた。そして地元の有力者たちが中心になって出資を募り、一九二二（大正一一）年に蘇東《そとう》電気軌道という会社が設立された。計画は実行の運びとなり、県道拡張のための用地買収も始まったのだが、沿線にはすでに家屋が建ち並んでおり、しかも工場が多かったため、交渉が進まなかった。

そこに、かねてから持ち上がっていた蘇東電気軌道と名鉄との合併が実現した。工事は名鉄に引き継がれ、一九二四（大正一三）年、起～一宮（のちの八幡町）間、五・三キロメートルの距離を一〇駅二五分ほどで走る路線が、蘇東線という名称で開通したのである。

起と一宮の間では荷物の行き来も多かったため、貨物輸送も行なってほしいという希望もあったが、それは実現しなかった。それでも業績は順調で、一九三〇（昭和五）年には、尾西線と線路を共有することで新一宮までの乗り入れが行なわれた。これで駅数は一一に増えて路線が五・六キロメートルに延び、乗り換えのしやすさも好評だった。

増え続ける乗客に運行も輸送能力も限界に……

路線名が起線になったのは、一九四八（昭和二三）年のことで、翌年には開通時の起点駅の一宮も八幡町と改称された。ところがその後、困った事態の連続となる。

まず沿線の人口増加にともない単線の輸送力では乗客をさばききれなくなった。それでも路面電車であるため複線化の工事には県道の拡張などが必要となり、膨大な費用がかかってしまう。しかも尾西線の架線電圧が一五〇〇ボルトに昇圧したため、一九五二（昭和二七）年には乗り入れが中止となった。結果、乗り換えには数百メートルの距離を歩かねばならなくなり、利便性も逆戻りしてしまった。

好景気のなか、沿線の織物工場に就職する若者も多く、沿線の人口はさらに増え続けた。折からの自動車の増加のため道路も混雑する一方で、これでは運行本数を増やすこともできない。こうしてついに、バス輸送への転換が考えられるようになった。

沿線の住民は、バスになったら運行本数が減って不便になるのではないか、乗車賃が上がるのではないかと懸念した。そうした心配を考慮して名鉄は慎重に対応した。いきなり電車の運行を休止しては、混乱が生じるかもしれない。そこで一九五三（昭和二八）年から電車の運行を一時的に休止して、代わりにバスの試運転を行なったのである。このとき新一宮までの運行も復活させたため、利用者たちに喜ばれた。

こうした結果をふまえて、一九五四（昭和二九）年に起線は廃止となった。地元の要望で実現した起線は、人口の増加と好景気という時代の趨勢《すうせい》によって三〇年ほどで役割を終え、バスにその道を譲り渡したのである。

起線が走っていた道路は、交通量が大変多いにもかかわらず、大部分が一車線である。かつては停車場のホーム跡がバス停として利用されていた場所もあったというが、現在では起線の駅名の多くがバス停の名前として受け継がれている。

ハイスクール路線だった名鉄八百津線 高校生にサービスしすぎて消滅!?

広見線
HM 07
明智
あけち
AKECHI

広見線《ひろみせん》は、可児《かに》駅から東側へ向かうときには、可児川に沿ったルートを走る。このひとつ目の駅が明智駅だ。一九二〇（大正九）年に東濃《とうのう》鉄道の伏見口駅として開業し、東美鉄道という会社を経て、一九四三（昭和一八）年に名鉄の駅となった。

この明智駅は、御嵩《みたけ》駅との間を行き来する列車しか通らないのに、なぜか線路とホームがひとつずつ多い。発着する広見線の列車を見ても、端にある線路やホームは使用されていない。

このホームと線路は、二〇〇一（平成一三）年に廃止された名鉄八百津《やおつ》線の跡である。八百津線は、東美鉄道が一九三〇（昭和五）年に伏見口（現・明智）～八百津間を敷設した路線で、名鉄に吸収された昭和四〇年代には、名鉄特急や観光特急「蘇水湖」号が走り、終点の八百津駅の奥にある丸山ダムや五宝の滝などへの観光路線として賑わっていた。

既存路線が廃止される理由は、大抵が過疎化にともなう乗客の減少である。ところが廃止直前の八百津線の写真を見ると、高校生で混雑している様子が写されており、廃止になる路線には見えない。では乗客の多かった八百津線が廃線となったのはなぜだろうか。

八割も値引きするサービス

八百津線はもともと単線で、全線にわたって一列車しか入線できない〝スタフ閉塞〟という特殊な運行形態だったため、一時間あたり上下線で最大二本ずつしか運行できない路線だった。そのためマイカー時代が到来すると乗客は次々に車へ乗り換えてしまい、鉄道の利用者は減少していった。

こうしたマイカーとの競合はほかのローカル線でも問題になっていたが、八百津線に関しては、乗客が著しく減っていたわけではなかった。前述の高校生が多く使っていたからである。とくに八百津駅を最寄りとする八百津高校の生徒により、登下校時の八百津線は常に満員状態であった。

しかし使っていたのが高校生ばかりであったがゆえに、八百津線の経営は圧迫されていく。通学に用いる定期券は、社会人の通勤定期券より割引率が高い。たとえばＪＲ東日本で横浜〜新宿間を割引率の高い六か月定期券で比べると、通勤定期券では約二〇パーセントの割引率なのに対し、高校生の通学定期券は約五〇パーセントと、通常の半額になる。

これだけでも大幅な割引だが、当時の八百津線では、なんと約八〇パーセントもの割引率

廃線となった名鉄八百津線

八百津線の終点駅。2001（平成13）年に廃止されてからは駅舎が撤去され、現在は石碑と短いレールが残っている。

1943（昭和18）年に着工されたダム。戦後の1952（昭和27）年には、工事のために丸山水力専用鉄道が八百津駅から延びていた。

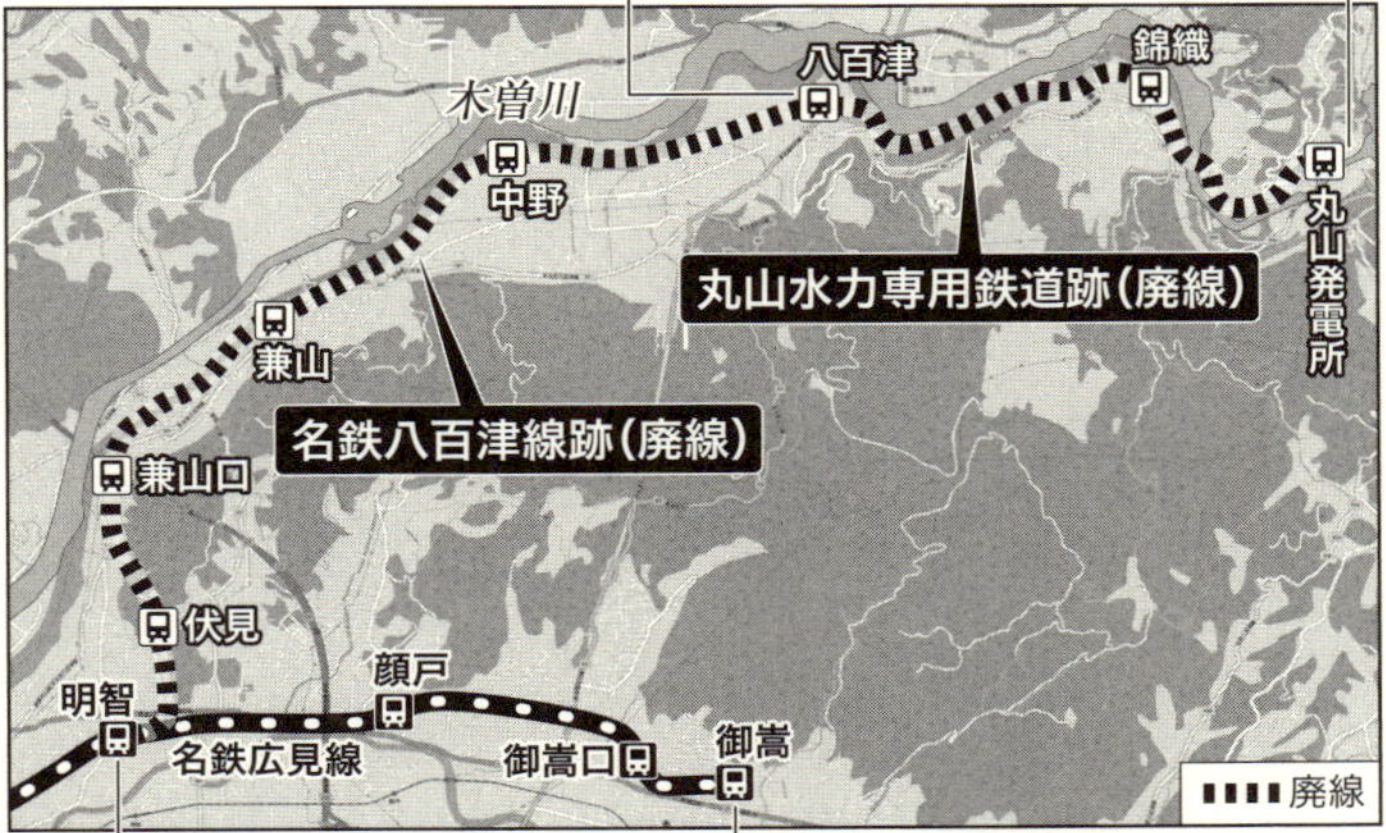

八百津線の起点となっていた駅。現在も八百津線用だったホームと線路が残っている。

広見線の終点駅。旧宿場町の面影を残す観光地の玄関として多くの観光客を迎えている。

明智駅から分岐していた名鉄八百津線は、不採算を理由に2001（平成13）年に廃止された。現在は広見線の新可児〜御嵩間が廃線の危機に瀕しているが、御嵩町などの観光振興のおかげでなんとか存続している。（Map Data:©OpenStreetMap）

だった。これでは経営的に見ると、乗客がほとんどいない状態と変わらず、経営改善に結びつかない。そのため、名鉄は一九九八（平成一〇）年、ほかの不採算路線とともに八百津線の廃止を表明したのである。

三案のなかから代替バス化を選択

八百津線の廃止に対し、八百津線の沿線自治体である可児市、八百津町、御嵩町、兼山町の四市町村からなる対策協議会は、代替バスの運行、第三セクターによる運行、地元の赤字補填による名鉄の運行の三つの案をまとめた。そしてそれらを検討したところ、第三セクターにする場合、名鉄から買い取る資産が約一〇億円前後、赤字補填で運行する場合、年間一・一億円を補填し続けなければならないことが判明した。

一方、代替バスにすれば年間五〇〇〇万円ほどの赤字になるものの、国や県からの補助金でまかなえる。鉄道を走らせ続けたい意思のある沿線自治体としても、金額には抗いようがなく、八百津線の廃止、代替バス化を選んだ。こうして八百津線は消滅したのである。

約八〇パーセントも割引するという学生サービスを行なっていた結果、採算が取れずに廃線になってしまった八百津線。明智駅を通る広見線は、この八百津線の二の舞にならないよう、「乗って残そう」と呼びかけを行なっている。

名古屋鉄道

かつて石川県にも敷かれていた名鉄の路線とは？

石川県小松市には、一九七七（昭和五二）年まで運行していた、最後の非電化軽便《けいべん》鉄道、尾小屋《おごや》鉄道の車両が線路とともにいまも動態保存されている。市民や県の力によって「なかよし鉄道」として復活したもので、県営粟津公園の森深い外周沿い約四五〇メートルを週数日、乗客を乗せて運行。車両は貴重な機械式気動車の生き残りで、大正様式の駅舎とホーム、信号機などを備えた本格派として人気が高い。

じつは名鉄もこの動態保存の運行を支援している。それは一時、名鉄が尾小屋鉄道を受け継いで運行していた歴史をもつからである。

もともと尾小屋鉄道は明治時代から本格的な採掘が始まった尾小屋銅山の輸送のため、一九一九（大正八）年に北陸線小松駅に接続する新小松から尾小屋までの一六・八キロメートルを結ぶ鉄道として開業した。雪深い山中の傾斜地という悪条件のなか、開業当初は蒸気機関車、続いてガソリン・カー、戦後にディーゼル機関車、ディーゼル客車が牽引するスタイルと変遷し、積雪時には重量のある蒸気機関車が使われた。

最盛期の尾小屋には、五〇〇〇人もの人々が暮らし、鉄道を利用する旅客や貨物も多かったが、一九三一（昭和六）年、鉄道は経営不振のため銅山を経営する日本鉱業に譲渡された。戦後は日本の鉱業全体が衰退していくなかで、同銅山の経営も立ち行かなくなり、一九六二（昭和三七）年に尾小屋銅山が北陸鉱山として独立採算化する。このとき、鉄道の経営を引き継いだのが名鉄だったのである。

というのも当時の名鉄は、当時労働争議の最中にあった石川県下の統合企業、北陸鉄道の経営に参画するなど、北陸方面の交通事業に食指を動かしていたから。その一環としてこの鉄道を受け継ぎ、以降二〇年弱の間、名鉄が運行を続けたのである。しかし鉱山の衰退はいかんともし難く、一九七一（昭和四六）年にはついに銅山が閉山してしまう。それでも苦心を重ねて運行を続けたものの乗客や貨物はさらに激減し、一九七八（昭和五二）年、ついに廃線となった。

自治体や団体が保存

一方で、尾小屋鉄道の廃線は地元では衝撃をもって迎えられ、早くから保存を求める声が高まっていた。地元の小松市も駅構内で車両を保存する方針を打ち出し、東京大学鉄道研究会のＯＢらが車庫や線路の一部も含めて車両を譲り受け、動態保存を可能にした。今

廃業間際の1976（昭和51）年の新小松駅と尾小屋鉄道の姿。このときは名鉄によって運行されていた。

もこの旧尾小屋駅構内には車両が保存されている。

一方、石川県も加賀市の「県民の森」に残っていた車両の保存を決定した。自治体が積極的に車両の保存に動くことは珍しい。

しかも県では何とかこの鉄道を動態保存して広く知ってもらいたいと小松市の県立小松児童会館に四両の車両を移し、「なかよし鉄道」として運行を始めた。

これに賛同した名鉄グループも廃線のレールや枕木を寄贈し、エンジンを補修するなどして応援している。こうした多くの熱意に支えられ、いまでも一九三七（昭和一二）年製造のキハ1など懐かしい車両が現役で活躍し、公園を訪れる人々を楽しませている。

名古屋鉄道

鉄道会社なのに海でも鎬を削った名鉄と近鉄

東海地方の地図を広げてみると、愛知県と三重県との間に伊勢湾が広がっていることがわかる。知多《ちた》半島、渥美《あつみ》半島、志摩《しま》半島の三つの半島に囲まれた、東西約三〇キロメートル、南北約六〇キロメートルの大湾である。

この海で〝伊勢湾海戦〟と呼ばれる海戦が起きていたことをご存じだろうか。といっても、戦国時代の出来事などではなく、現代日本において、名鉄が起こした海戦だ。

「海戦」と聞くと何事かと思ってしまうが、それは武器を用いた争いではなく、同業他社との観光戦争である。名鉄は鉄道会社でありながら海上輸送も行なっていた。一九三七（昭和一二）年、経営不振に陥っていた愛知商船を買収して、名古屋や蒲郡《がまごおり》と伊勢を結ぶコースに就航した。さらに知多半島の師崎《もろざき》や渥美半島の伊良湖《いらご》、篠島《しのじま》や佐久島《さくしま》なども結んだ。

やがて戦後、レジャーが一般化してくると、愛知商船の後身である愛知観光船は、一九六一（昭和三六）年頃から水中翼船の導入を検討する。水中翼船とは、船底に独特の形状をした水中翼を取り付け、船体を浮かして海面を高速で滑走する船のこと。名鉄は日本で初めてこの船に着目し、他社に先駆けて海を走らせようとその航路を東海海運局へ申請した。

激論戦ののちに同ルートで勝負

この水中翼船の導入が、伊勢湾海戦の口火を切る。ライバルである近鉄も海上の観光輸送に手を伸ばしてきたのである。近鉄は志摩観光汽船を設立して、名鉄と同じく水中翼船の航路申請を行なった。

そこで運輸審議会は、どちらに免許を下すか判断するため、一九六二（昭和三七）年に公聴会を開いた。

三重県伊勢市にある伊勢志摩みやげセンター王将には、愛知観光船の水中翼船「王将」が飾られている。

公聴会には名鉄側と近鉄側が用意した論客たちが並び、名鉄側が「実績がないのに一片の申請書で既存路線に乗り込むのか」と言えば、近鉄側が「観光船の就航実績はないが、それだけで海上輸送に問題があるわけではない」と返すなど、喧々諤々《けんけんごうごう》の論戦を展開した。しかしここでは決着がつかずに結局、三か月後には両社へ同じ航路の運航免許が下りた。

愛知観光船は同年四月、水中翼船第一号「大鵬丸《たいほうまる》」を名古屋～鳥羽間、蒲郡～鳥羽間に走らせた。さらに同年九月には「隼丸《はやぶさまる》」を、翌年六月には「王将」を就航した。一方、近鉄も九月に三菱重工業製のパールクイーン号を走らせた。これはリース契約であり、メンテナンス費用も三菱持ちであった。

日本では類のない水中翼船の運行は、関係者も予想外の問題に見舞われた。水中翼やシャフトの破損、水漏れ、ガス漏れなどの故障が頻発したのである。名鉄海上観光船では故障による欠航を出さないよう全社挙げて修理に取り組んだ。一方、志摩観光汽船でも故障が頻発しており、両社は双方ともに満身創痍の手負い同士の戦いとなった。関係者の間で伊勢湾海戦というワードが囁かれるようになったのはこの頃からという。

やがて志摩観光汽船は、リース契約の負担に耐えかねた三菱重工業側から契約を打ち切られ、一九七六（昭和五一）年に水中翼船運行を中止せざるをえなくなる。この時点で、伊勢湾海戦は名鉄海上観光船の勝利に終わったのである。

しかしその後、コストが低い高速船が導入されると名鉄の水中翼船も順次廃止されていき、一九八二（昭和五七）年をもって姿を消した。現在、伊勢志摩みやげセンターには名鉄海上観光船の水中翼船「王将」が屋外展示されており、唯一の名残となっている。

第三章

地理から読みとく名鉄沿線のナゾ

名古屋城の城下町の町割が西へ五度ずれている不思議

瀬戸線 ST 02
東大手
ひがしおおて
HIGASHI ŌTE

東大手駅から徒歩一五分の所にある名古屋のシンボル名古屋城。一六一〇（慶長《けいちょう》一五）年に徳川家康の命により築かれた城である。これにより、尾張支配の拠点が清須《きよす》から城下町ごと名古屋に移転して、城は江戸時代を通じて尾張徳川家の居城となった。

いわば名古屋の町は城と城下町を基礎として築かれたはずなのだが、名古屋市の地図を眺めてみると、面白いことに気付く。名古屋城と城下町全体の町割が、少し西に傾いたようになっているのである。実際にこの名古屋の町割は北から西に五度ずれている。なぜこのように微妙な町割りとなったのだろうか。

理由を考えるうえでカギとなるのが、築城時に何を方位の基準にしたのかということだろう。

かつて北半球に住んでいた人々は北極星を起点に真北を求め、そこから方位を導き出していた。そうなると、築城時に北極星を基点としたものの、誤差が生じ、城の方位がずれてしまったのだろうか。とはいえ、五度というズレが誤差の範囲とは考えにくい。

真北から５度傾いた名古屋城下の町割

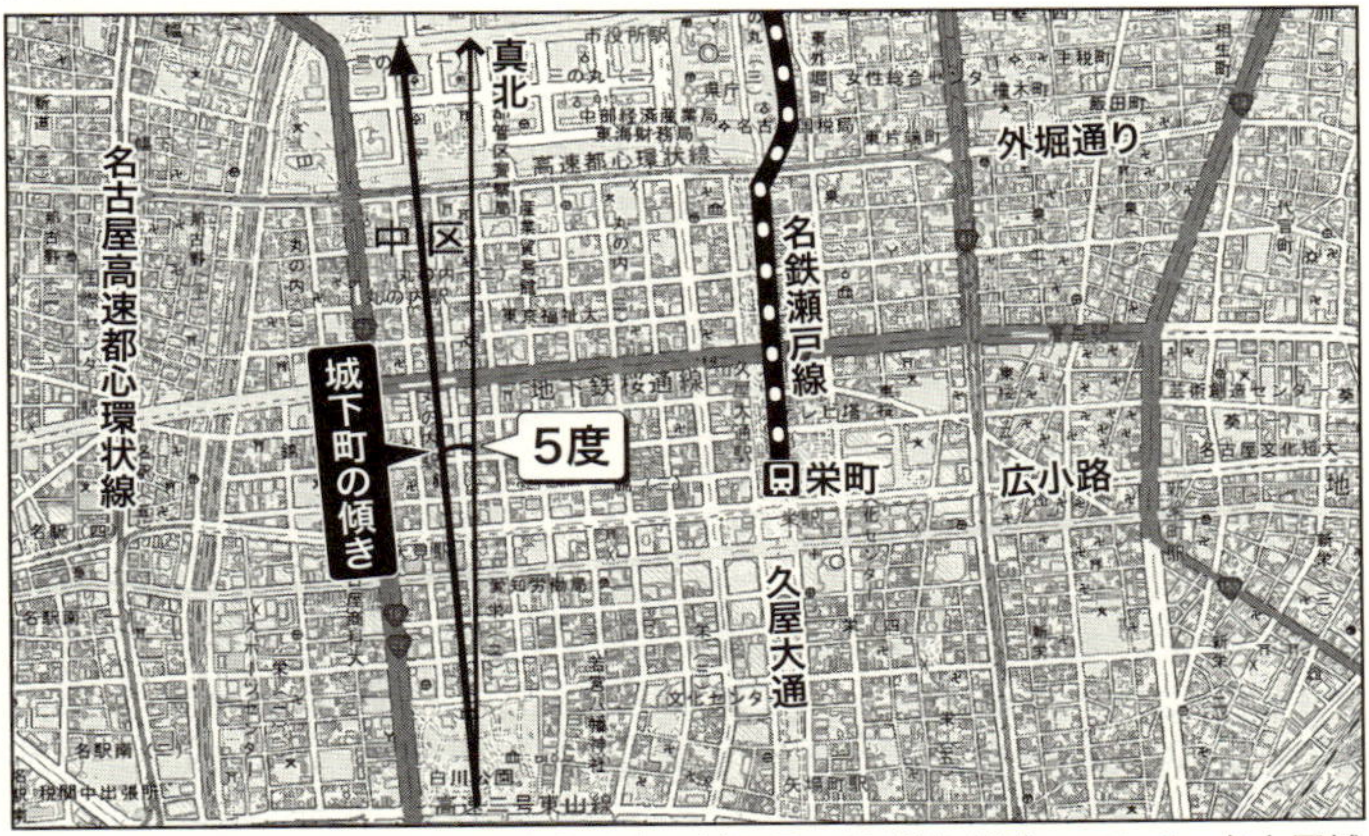

いまの名古屋市中心部は江戸時代以来の城下町の町割りが残っている。名古屋城築城当初から、城下町の町割りは真北に対して西へ5度傾いており、それが現代まで受け継がれている。（国土地理院地形図を加工）

では磁場の変化によるものだろうか。N極の方向は年々移動し、かつてはN極とS極が逆転していたことはよく知られている。

この方位の移動に伴い、元は真北と真南を結ぶ中心線を軸に行なわれた町割りが、四〇〇年の間に偏っただけなのだろうか。じつはその数値を求めると、名古屋城築城当時には今より東に一〇度偏っていたという。つまり、磁石を使って南北を決めたのであれば、少なくとも西ではなく東にずれていないと不自然である。

こうしたことからこのずれは観測時の北極星やN極の変化により生まれた誤差ではなく、名古屋は最初から南北を軸に町割されていなかったことになる。なぜ偏ってつくらなければならなかったのだろうか。

崖のラインに合わせた?

歴史地理学者の水野時二氏は城の選地が優先したのではないかと推測している。もともとこの地には今川氏親《うじちか》が建設し、織田信長の父・信秀《のぶひで》が奪った那古野城が建っており、そこに家康が新しく名古屋城を建て直し、城を北端に置き碁盤割の城下町を建設した。

このとき、名古屋城は旧城の「柳の丸」の跡地を中心にして建てられたという。

そしてこの旧城自体がそもそも正方位から西に五度ずれていたというのである。なぜなら台地北端の崖の走向のラインに合わせて建設されたためという。名古屋城はそれをそのまま取り込んで二の丸を建設し、それに合わせて本丸などを配置したため、必然的に同じようにずれたのではないかというのだ。

ただし当時の実測図が残されていないので、この説も実証されたわけではない。

一方では、地形上の制約ではなく、この夏の暑さを乗り切るための生活の知恵として積極的に五度ずらして築城したという意見もある。名古屋の夏は暑いが、一方で東南の風が吹きぬける。そのため城下の各屋敷に風が少しでも通りやすくするため、五度ほど位置をずらしたというのだ。それが事実であれば、生活環境を考えて住民に優しい町作りを目指したといえるのだが、こちらもまた実証されていない。

名古屋本線 NH 14

岡崎公園前
おかざきこうえんまえ
OKAZAKIKŌEN-MAE

岡崎市内を通る旧道が曲がり角だらけなのはなぜ？

愛知県岡崎市は江戸時代、〝神君《しんくん》出生の城〟岡崎城のお膝元として栄えた。

岡崎は江戸幕府の初代将軍・徳川家康生誕の地であり、今川氏に人質として出されていた家康が、一五六〇（永禄三）年、桶狭間の戦いで今川義元が戦死した混乱を突いて自立した場所でもある。

それだけに江戸時代の岡崎藩は、わずか五万石前後の石高でありながら、本多氏や水野氏、松平氏など、家格の高い譜代大名が藩主を務め、岡崎藩主になることは譜代大名の誇れとされてきた。

そうした岡崎藩の藩庁が置かれた岡崎城の城下町として発展した岡崎市には、今も当時の名残りが色濃く残っている。

「二十七曲《まがり》」も、そのひとつだ。

岡崎市内を車で走るとわかるが、今も直角に折れる曲がり角が妙に多く、移動に難儀することがある。なぜ、これほど城下の街路に曲がり角を多く設けたのだろうか？

東の敵・徳川家康から岡崎城下を守るため⁉

　ただし、これは岡崎藩の歴代藩主の誰かによって施された仕掛けではない。

　実は、岡崎の城下町が整備されたのは、豊臣秀吉の時代だった。一五九〇（天正一八）年、家康は秀吉の命によって関東に移され、その後、岡崎城の城主に据えられたのは秀吉の家臣・田中吉政《たなかよしまさ》という人物であった。

　吉政は一五九二（文禄元）年、大規模な城郭の整備拡張を行なう。城の東・北・西に総延長四・七キロメートルに及ぶ総堀を開削したほか、それまで城の東側に広がっていた城下町を西側にも造成し、城郭と東西の城下町を囲む惣構を構築。そして、この総構の内側に東海道を引き入れ、品川から数えて三八番目の宿場町とした。

「二十七曲」を設置したのも吉政だ。吉政は城下町を通した東海道に多くの曲がり角を設けたのである。

　実に使い勝手が悪いように思えるのだが、こうすることで、攻め込んで来た側の見通しが悪くなり、城下を一気に攻め抜くことができなくなる。つまり、この曲がり角は城を守るという軍事的な目的を持っていたのだ。しかも、その相手とは徳川家康。吉政は、家康の西上に備えるために、わざわざ城下に多くの曲がり角をつくったというわけである。

岡崎城下二十七曲

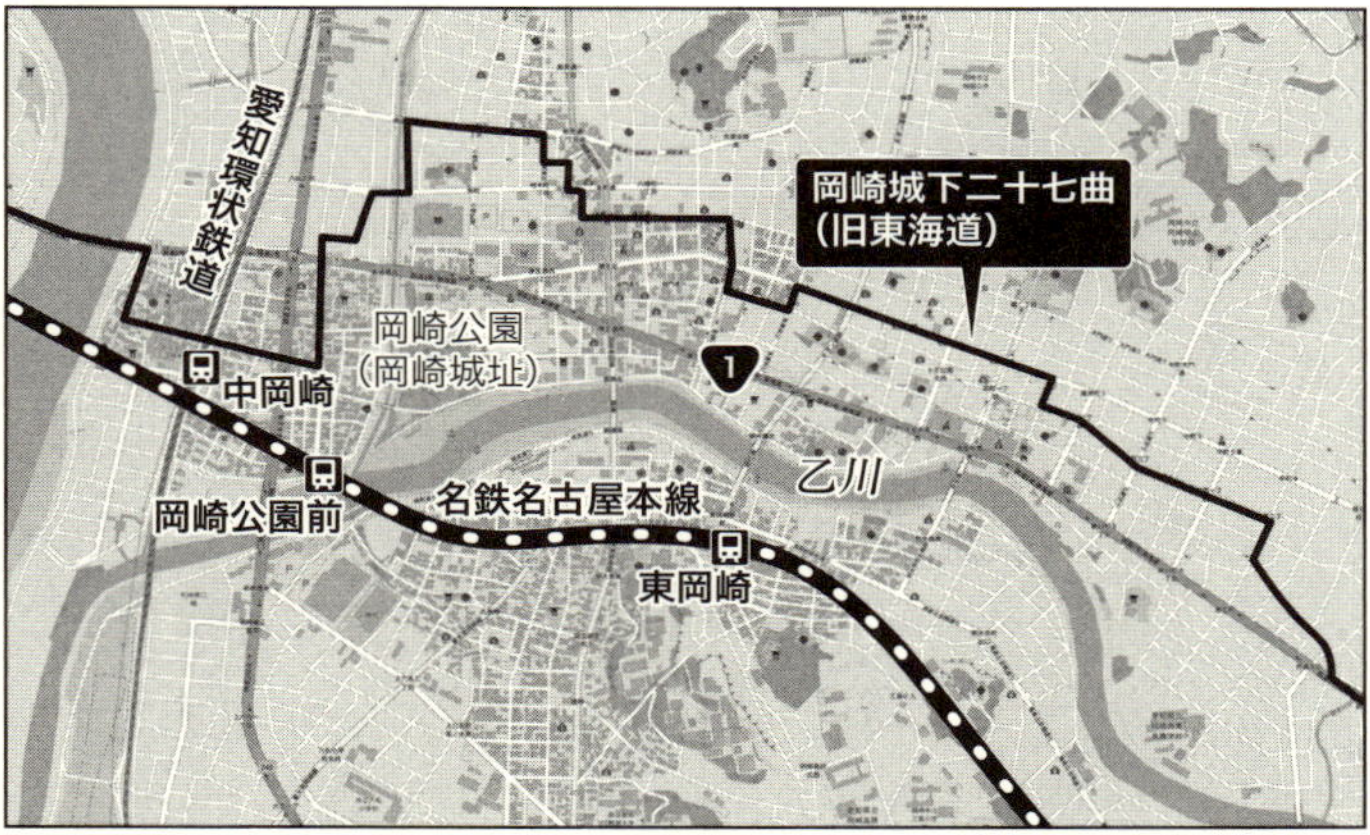

岡崎市の中心市街地には、江戸時代に東海道につくられた二十七曲と呼ばれるクランク状の道が残っている。27か所すべてが現存しているわけではないが、ほぼ全容をたどることは可能だ。(Map Data:©OpenStreetMap)

ただ、岡崎城の南を通っていた鎌倉街道を城の北側に沿うように迂回させたために曲がり角が多くなっただけ……という説もあるが、吉政が家康を東の敵として意識し、曲がり角を防備のひとつと考えていたことは間違いないだろう。

さて、その二十七曲、せっかくなのでぜひ全部曲がってみたいところだが、実は四〇〇年以上もの年月が過ぎた今となっては、町並みが変わってしまっていて、どこからどこまでを二十七曲というかは、はっきりわからない状態になっている。

ただ、岡崎市内には今も不自然な曲がり角が非常に多いことは確かだ。岡崎を訪れた際には、曲がり角にも注目して散策を楽しんではいかがだろう。

常滑線の旧橋脚跡の位置から幻の運河を発見!?

名古屋本線
常滑線
NH 33
神宮前
じんぐうまえ
JINGŪ-MAE

名古屋の副ターミナルである金山《かなやま》駅から、名古屋本線の下り列車に乗ると、ＪＲ東海道線と並走する。やがて途中にあるＪＲ熱田駅を通過すると、神宮前駅へ至る。名前の通り熱田神宮の目の前にある駅で、ここから知多半島を南下する常滑線《とこなめせん》が分岐する。

名古屋本線に乗ったまま神宮前駅を出発すると、左側を並走していた常滑線の線路がだんだんと斜めにせり上がってくる。常滑線はそのまま高架となり、名古屋本線とＪＲ東海道線を斜めに横断し、南西方面へ延びていく。

この二つの路線を斜めにまたぐ跨線橋《こせんきょう》の根元に、何やら不思議なものがある。傾斜を持つ石積み風の擁壁の一部に、レンガが積まれた垂直の壁がへばりついているのだ。全体的に煤《すす》けて年季が入っていることを感じさせ、異様な雰囲気を漂わせている。

このおかしなレンガ積みは、かつて使用された常滑線の跨線橋の橋脚跡である。かつて常滑線は、このレンガ積みの位置から、現在よりも急な角度のカーブを描いて東海道線を単線で渡っていた。一九五九（昭和三四）年の伊勢湾台風で被災したことを機に全線の改

神宮前駅の南、名古屋本線を常滑線がオーバークロスする直前に、レンガでできたかつての橋脚跡が見える。

良が進められ、一九六二（昭和三七）年に現在の複線の跨線橋になったのである。

この旧跨線橋の橋脚の跡地は、東海道線の西側にも残っている。名古屋市教育センターの講堂の南にあって、道路で囲われた小さな緑地「秋葉街園」がそれである。

橋脚の長さから見つけた幻の運河

前述のレンガ積みと秋葉街園を地図上から俯瞰してみると、旧橋梁が急カーブを描いて東海道線を渡っている様がわかるだろう。しかしここで違和感を覚えないだろうか。旧跨線橋の距離が妙に長い。現在の跨線橋がせいぜい七〇～八〇メートルなのに対し、旧跨線橋は一二〇～三〇メートル以上はあったことになる。東海道線を跨ぐだけなら、現在の教育センターの講堂の脇までの長さで十分で、秋葉街園の位置まで跨線橋が延びていなくてもよい。不自然に長いのは、いったいなぜだろうか。

旧橋梁を含めた熱田の町の変遷をたどると、驚きの発見があった。

常滑線の旧高架橋の西端にある橋脚跡地。現在は秋葉街園という緑地になっている。

じつは旧跨線橋が建設された一九一三（大正二）年当時、東海道線と西側の橋脚（現・秋葉街園）の間には、運河が掘られていたのである。この運河の名前は熱田運河。省線（のちの国鉄）熱田駅と熱田港を結ぶため、新堀川の屈曲部から分岐し東海道線に沿う形で一八九七（明治三〇）年に開削された運河だ。旧跨線橋が不自然な長さだったのは、東海道線だけでなく、この熱田運河も渡るためだったのである。

常滑線によって埋められた運河

ではこの熱田運河、いまや影も形もないのは

熱田運河と常滑線（旧線）

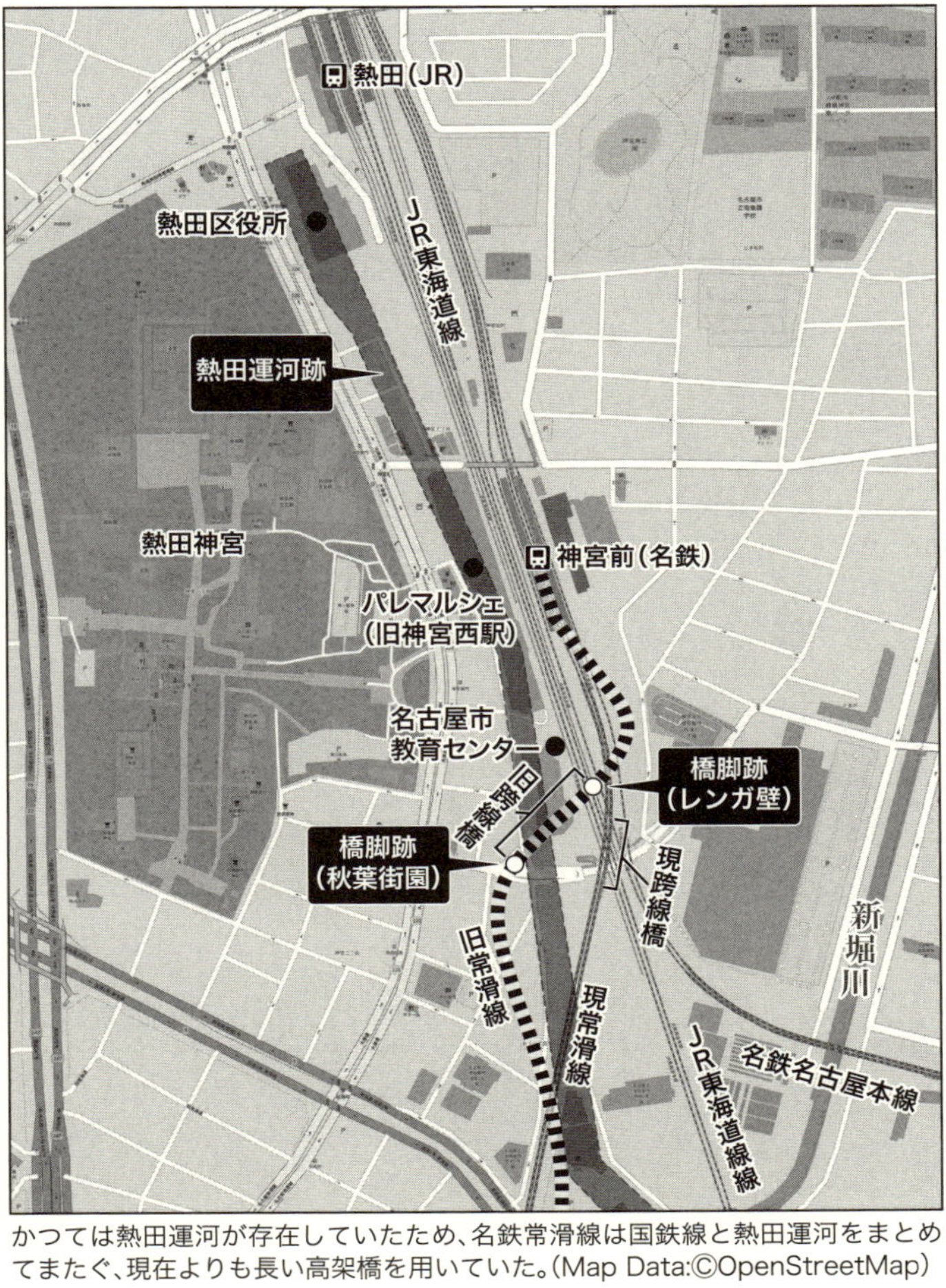

かつては熱田運河が存在していたため、名鉄常滑線は国鉄線と熱田運河をまとめてまたぐ、現在よりも長い高架橋を用いていた。(Map Data:©OpenStreetMap)

どうしてだろう。物流を担ったこの運河は、しばらくすると埋められてしまうのだ。開削直後は、名古屋で唯一の鉄道と連絡する運河として重要な地位にあったが、一九〇七（明治四〇）年に名古屋港が開港し、四年後に臨港線名古屋港駅、その五年後に白鳥駅が開業すると、小舟しか入れなかった熱田運河の利用価値は大幅に下がった。しかも大雨が降った際には水があふれ、一帯に浸水被害をもたらすなど、周辺住民にとっては迷惑な存在でもあり、埋め立てが要求されていた。

そして熱田運河にとどめを刺したのが常滑線である。愛知電鉄（以下、愛電）はすでに旧跨線橋を建設して常滑線を走らせていたが、熱田運河を埋め立ててその上に線路を通し、省線熱田駅へ至る新路線を計画していた。厄介者になっていた熱田運河を埋める計画に、名古屋市議会も認可を下した。そして一九三一（昭和六）年頃から、付近にあった大同製鋼のコークスの燃え滓《かす》などを用いて、熱田運河は愛電によって順次埋め立てられた。こうして幻の運河になったのである。

愛電の後身である名鉄は一九四二（昭和一七）年、熱田運河の跡地に複線を敷設し、神宮西駅を新設した。現在のパレマルシェの位置である。しかしその後、神宮西駅は貨物専用となり、一九六五（昭和四〇）年には廃止。駅ビル・パレマルシェへ変わった。

熱田運河の跡地は、熱田区役所や教育センターなど、大型の店舗や施設となっている。

列車も何も走らない高架橋いったい何のためにある?

西尾線
GN 11
福地
ふくち
FUKUCHI

西尾線《にしおせん》は、名古屋本線の新安城《しんあんじょう》駅から南へ延び、海沿いにある吉良吉田《きらよしだ》駅へ至る約二五キロメートルの路線である。途中の福地《ふくち》駅から東へ直角に曲がり、矢作古川《やはぎふるかわ》と安藤川《あんどうがわ》を渡り上横須賀《かみよこすか》駅へ着いてからは、再度南へ進路を戻す。

この福地駅で降りると、周囲は田畑が残る郊外の住宅地といった印象を受けるだろう。そこから北へ行くと、東西へ延びる県道四一号へ出る。この道を二・五キロメートルほど進み寺津《てらづ》地区へ行くと、道が高架橋をくぐる場所へ着く。

寺津高架橋という名前のこの橋を見ていると、不思議なことに気が付く。高架橋であるはずなのに、橋の上を鉄道も車も走っていないのだ。どうやら高速道路や鉄道橋でもないらしい。では寺津高架橋はいったい何のための橋なのか。

二一億円かけて建設したのにわずか六年で廃止

じつはこの寺津高架橋は、もともと名鉄の列車が走る鉄道橋だった。いまは鉄道の影すら見えないが、かつてここには三河線が走っていた。現在の終点である碧南駅から矢作川を渡り、寺津地区を抜けて吉良吉田駅まで延びるルートだった。

寺津高架橋が設けられたのは、このうち三河楠駅と寺津駅の間で、時期は意外にも新しく一九九八（平成一〇）年である。当時は二〇〇五（平成一七）年の中部国際空港開港へ向けて、アクセス道路の整備の一環として県道四一号の再整備が進められていた。空港のアクセス道路になれば、交通量は格段に多くなる。しかし踏切で車の流れを遮断すれば、渋滞が起きるだろう。そこで、県道との交差部分のみ三河線を高架化することにしたのである。そして名鉄は約二一億円もの巨額の費用をかけ、この寺津高架橋を建設し、一九九八年から供用を開始した。

大工事が終わったのも束の間、二〇〇〇（平成一二）年に事態は急変する。供用開始からわずか二年も経っていないにもかかわらず、名鉄が碧南〜吉良吉田間の廃止を表明したのである。当然、わずか数年しか使われないのになぜ高架橋をつくったのか、と地元から批判が殺到した。そして廃止区間の沿線である西尾市や碧南市、一色町、吉良町では、年間二億円の赤字補填を行ない、廃止を食い止めることにした。

しかしここでさらに別の問題が浮上する。矢作川に架けられていた橋が老朽化しているために架け替えなければならなくなったのだ。その総額は約一五〇億円。年間二億円の赤

廃線によって残された寺津高架橋

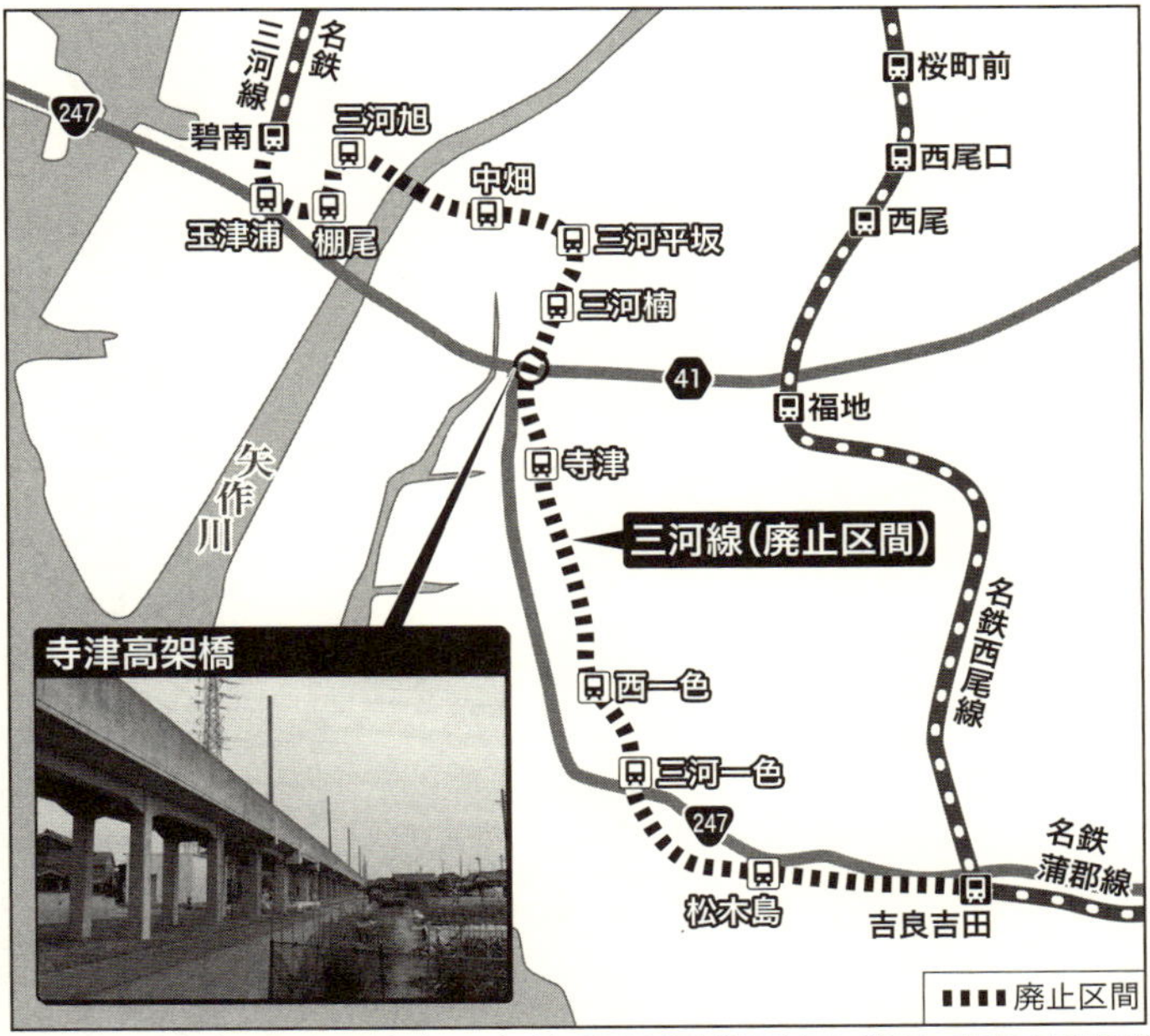

三河線は吉良吉田駅まで延びていたが、2004（平成16）年に碧南～吉良吉田間が廃止され、そのわずか6年前に完成した寺津高架橋が取り残された。

字補填とは桁違いの出費に沿線自治体は頭を抱えた。

結局、碧南～吉良吉田間の運行存続は困難という結論を下し、二〇〇四（平成一六）年に廃止へと至ったのである。

二一億円の巨費を投じて建設された寺津高架橋は、わずか六年間しか使われなかった。

撤去にも膨大な費用がかかるため、現在でもそのままになっているが、撤去か活用か、今後の道筋は定まっていない。

まるで古代ローマの遺跡⁉ 矢作川沿いに佇むふしぎな遺構の正体

三河線 MY 10

平戸橋
ひらとばし
HIRATO-BASHI

三河線の平戸橋駅から徒歩で二〇分ほど、矢作川を越えた先には驚きの光景が広がっている。そこには、まるで古代遺跡のような巨大建造物が佇んでいるのだ。整然と石を組んだプールのような部分だけでおよそ五〇〇〇平方メートル、周囲の敷地を合わせると六三〇〇平方メートルもの広さに及んでいる。

まさか高度な文明を持つ古代人が築いた巨大建築の一部か……？

じつはこの建築物、一九一八（大正七）年に建設された百々《どうど》貯木場の遺構で、かつては矢作川から引いた水が満々と湛えられていた。貯木場とは、山から切り出した材木を保管しておくための場所で、ことに材木を水に漬けておくと、夏場の割裂を防ぐことができるうえに、樹液が水と入れ替わるので陸揚げ後に材木が乾燥しやすく、製材が容易になるという長所がある。そのため、水中貯木場が各地に設けられたが、東京の木場のようにそのほとんどが河口付近にあり、河川の中流域に設けられた例は全国でも珍しい。

愛知県を南北に貫いて流れる矢作川は、古くから物流の要地で、さまざまな物資を積ん

ローマの古代遺跡のような雰囲気をかもす百々貯木場跡。上流から運ばれた木材をこのプールに集積していた。（提供：豊田市郷土資料館）

だ川船が行き来していた。とくに上流部では林業が盛んで、伐採された木材が下流部に集積されて各地に運ばれていた。だが、矢作川は川幅の狭い急流であるため、まずは一本ずつ川に流す「管流し《くだなが》」で中流部まで運び、一旦陸揚げしたうえで筏《いかだ》に組み、河口まで再流送しなければならなかった。

しかも矢作川は氾濫しやすく、たびたび保管してあった数千本の木材が流される事態が起こった。その後一部が下流で回収されると、今度はその所有権を巡って争いが起きた。そこで貯木場を建設しようと考えたのが、明治期の材木商・今井善六《いまいぜんろく》である。

年間二万本もの材木を扱い、百々の地名にちなんで「百善《どうぜん》」と呼ばれていた今井は、巨費を投じて貯木場の建設に取り組んだ。

木材を集積するプール部分は堅牢な人造石で囲んで矢作川から樋門を通して水を引き、増水時には樋門を閉じて材木の流出を防ぐ。内部は六本の突堤で仕切られ材木を種類別に保管できるようになっており、製材所も建てられた。今井は完成を見ることなく没したが、貯木場の完成によって百々地区一帯は林業に携わる人々でおおいに賑わった。

ところが、貯木場が活躍した時期はわずか一〇年ほどでしかない。一九二九（昭和四）年、水力発電のため上流に越戸ダムができたため、管流しができなくなってしまったのだ。こうして百々貯木場は一九三〇（昭和五）年に役割を終えたのである。その後、貯木場は周辺施設ともども放置され、矢作川から流入した土砂に埋もれたまま眠りにつくこととなった。

やがて貯木場がその眠りから目覚めたのは、一九八八（昭和六三）年のこと。豊田市の教育委員会が貯木場の発掘を開始したところ、プール部分の堂々たる姿や大小六本の突堤、樋門、木材を引き上げるためのスロープ、製材所の土台などが、ほぼ建設当時のままの姿を現わしたのである。そこで教育委員会は、傷んでいた擁壁部分などを補修して公園として整備し、人々が気軽に足を運べる場とした。

またここは、ダムが出現する以前の、ほとんど動力機械が導入されていない土木施設として貴重な存在であるため、一九九七（平成九）年には市の文化財に指定されている。

三河線
豊田線

MY 07

豊田市
とよたし
TOYOTASHI

東海一の紅葉スポット香嵐渓をつくった人々とは？

豊田市駅から名鉄バスに揺られること約四五分で、東海一の景勝地として知られる香嵐渓《こうらんけい》に着く。

香嵐渓は矢作川の支流・巴川がつくる渓谷で、国道一五三号線にかかる巴橋上流の巴川一帯では、飯盛山《いいもりやま》の急峻な山容に囲まれて大きく屈曲する見事な渓谷美を目にすることができる。その景観美から一九七〇（昭和四五）年に愛知高原国定公園に指定された。

香嵐渓の美しさは渓谷美だけではない。この地は、山野草の宝庫で、春には見事な薄紫色の絨毯《じゅうたん》が敷き詰められる。中でもカタクリが可憐な花を咲かせる様子は素晴らしい。このカタクリは、一九八五（昭和六〇）年頃から、「香嵐渓を愛する会」と足助《あすけ》観光協会が保護と増殖に務めた結果、東海地方を代表する群生状況となっている。

初夏にはまばゆいばかりの新緑、冬には雪景色が楽しめる香嵐渓だが、なんといっても圧巻は秋だ。実は香嵐渓は全国屈指の紅葉の名所で、秋には目を奪われるばかりの美しい紅葉を見せてくれるのだ。

現在、香嵐渓にはイロハモミジ・ヤマモミジ・オオモミジ・コハウチワカエデなど一一種類の紅葉《もみじ》が約四〇〇〇本もあり、それぞれが紅葉した圧巻の風景を造り上げる。思わずため息が出るほどの絶景であるが、実は、この紅葉の景観が生まれるまでには多くの人々の手が加えられている。

紅葉を後世に残すために続けられている努力

香嵐渓の紅葉は、飯盛山の古刹《こさつ》である香積寺《こうしゃくじ》の十一世・三栄《さんえい》和尚が一六三四（寛永《かんえい》一一）年に植えたのが始まりだといわれている。三栄和尚は、般若心経《はんにゃしんぎょう》一巻を誦すごとに、紅葉や楓《かえで》、杉などを一本一本植えていったと伝わる。

つまり、三栄和尚が植えたのは紅葉だけではないのだが、大正時代頃から、地域住民が景観を良くし、日が入りやすいようにと紅葉だけを残し、紅葉《こうよう》しない針葉樹である杉などを伐採していった。そして飯盛山中に紅葉を植えるなどの整備をした結果、現在のような紅葉の名所となったのである。

現在、香嵐渓の整備は足助観光協会が地域住民から引き継ぐ形で行なっているが、その美しさを保つためには、かなりの苦労があるという。

とくに近年は紅葉の多くに枯れや衰えが見られるようになり、このままでは将来消滅す

夜にライトアップされた香嵐渓の紅葉。この紅葉を守るため、現在、地元の人々による環境整備が行なわれている。

る可能性があるといわれている。

大正時代に数多く植えられた紅葉が、密集状態で成長したことが原因といわれており、足助市観光協会では、紅葉を保護するために二〇一七（平成二九）年度から一本ずつ調査し、間伐や植樹など、紅葉を後世に残すための対策を施している。

害虫被害も懸念されている。実は香嵐渓の紅葉は楓がほとんどを占めているのだが、楓は病害虫に弱い種で、もし害虫が大発生するようなことがあれば、一斉に枯れてしまう可能性もある。

東海一を誇る景観美を守るために、観光協会は今も調査と整備を続けている。今後も末永く美しい景観を保ち続けてほしいものである。

秘められた島？竹島の植生だけが特異な理由

蒲郡線 GN 22

蒲郡
がまごおり
GAMAGŌRI

名鉄三河線の終点・蒲郡駅からバスで五分ほど行くと蒲郡のシンボル竹島《たけしま》がある。

竹島は三河湾に浮かぶ周囲約六八〇メートル、面積約一万九〇〇〇平方メートルの小さな島で、本土から四〇〇メートルほどしか離れておらず、橋で結ばれているので歩いて渡ることができる。

竹島には、「日本七弁財天」のひとつである「八百富《やおとみ》神社」があり、開運、縁結び、安産のご利益があるとして多くの参拝客が訪れている。さらに、大国《おおくに》神社、宇賀《うが》神社、千歳《ちとせ》神社、八大龍神社があり、五つの神社を全てお参りすると、一生の幸せが得られるともいわれ、人気の聖地となっている。

三月～六月には潮干狩りを楽しむこともできるし、海岸は日の出の絶景スポットとしても有名で、毎年初日の出を見る人で賑わう場所でもある。

そうした竹島には、もうひとつ、大きな魅力がある。多くの暖地性植物が自生しており、一九三〇（昭和五）年に、島そのものが国の天然記念物に指定されているのだ。

蒲郡駅の南、三河湾に浮かぶ竹島。本土と大きく異なる植物相を見ることができる。

ただ、不思議なのは、本土からわずか四〇〇メートルしか離れていないのに、サカキカズラ、カゴノキなどが自生し、なぜか竹島には独特の植生が存在しているという点である。しかも、三河湾には多くの小島があるのに、独特の植生を持っているのは竹島だけ。たとえば、同じ三河湾に浮かび、竹島から最も近い大島の場合、本土の沖合四キロメートルにありながらも、アカガシ、コナラなどの森林植物、ハマゴウ、ネコノシタなどの海岸性の植物などが自生し、その植生は本土のものと変わらない。

未解明の植生の謎

なぜ竹島だけが独自の植生を持つに至ったのか？　その理由については諸説ある。

まず、竹島の位置が、三河湾の内湾の最も奥にあるからだという点が挙げられる。島ではあるが、外洋から離れているので、まともに黒潮の影響を受けることがない。そのため、漂着植物が少なく、内陸的性格が強くなるというわけだ。

しかし、それならば本土と似た植生になるはずなのに、本土と異なる植生が生まれた謎の説明にはならない。

この理由について、島全体が八百富神社の神域だという点が関係しているのではないかと推測されている。

信仰的な理由から、竹島では大規模な伐採が禁止されており、参道以外は林内への立ち入りも禁止されている。しかも、一九三二（昭和七）年に橋ができるまでは完全な離島だったため、人の立ち入りに制限のなかったほかの島とは異なり、本土からの影響を受けることなく旧来の自然性が保たれていたからではないかといわれている。一方で、本土やほかの島々が外的な要因から植生を変えてしまったというわけだ。

竹島の特異な自然については、今もはっきりした理由は判明していないが、この島が神秘的な島であることに間違いはない。

多くの観光客が訪れる人気スポットだが、これからも竹島独自の植生を守り続けてほしいものである。

日本中が財政難にあえぐなか、名古屋が一〇〇メートル道路をつくれたワケ

瀬戸線　ST 01

栄町
さかえまち
SAKAEMACHI

名鉄瀬戸線《せとせん》栄町《さかえまち》駅の正面の出口を出ると、久屋《ひさや》大通公園に出る。市民の憩いの場であり、週末にはイベントなども開催され、おおいに賑わう空間だ。その名の通りこの公園は、市内の中心部を南北に貫く久屋大通の中央部に設けられた緑化地帯を利用したものである。

久屋大通は、名古屋名物の一〇〇メートル道路のひとつで、平均幅一一二メートル、公園の両側には左右各四車線が走る。道路の中央部が緑化スペースになっているのは、計画段階で、緑化スペースを設けて環境を整えるとともに、災害発生時には避難エリアとして使うことが計画されていたからだ。また、「一〇〇メートル道路」にはもうひとつ若宮大通がある。南北を走る久屋大通に対して、若宮大通は東西に走る道で、高架の高速道路「名古屋高速」が中央部を通る。つまり、名古屋には一〇〇メートル道路が二本もあるのだ。

類まれな〝実行力〟が計画実現の理由！

しかも、道路が設けられたのは、まだ日本中が焼け野が原となっていた戦後の復興期で

ある。そんな大変な時期になぜ名古屋にだけ一〇〇メートル道路が二本もつくられたのか。

一〇〇メートル道路建設を含む復興計画が公にされたのは、一九四五（昭和二〇）年一二月のこと。「名古屋市を二〇〇万人都市にする。そして、一〇〇メートル道路を二本、五〇メートル道路を九本つくる」ことが新聞の紙面上に掲げられた。

この計画に基づいて久屋大通と若宮大通が生まれたわけであるが、そもそもこのような復興計画を立てたのは名古屋市だけではない。こうした広い道路をつくって街の中心にするといった構想は全国で一〇〇か所もあったという。そうしたなか、計画を実現したのはほぼ名古屋だけであった。その成功の秘訣はというと、スピーディーな実行力である。

敗戦国の日本にそれほど潤沢な復興予算があるはずもなかった。そこで、名古屋では全国に先んじて実行に取りかかった。終戦一ヶ月後には復興調査会を組織すると、実行責任者として上海や南京の都市計画を担当した元内務省の田淵寿郎を呼びよせて計画をまとめ、翌年八月には早くも区画整理に取り掛かっている。

案の定、国の財政難によって工事の進捗が遅かった地域は、計画の大幅な縮小を迫られた。一方、復興事業をいち早く進めていた名古屋では、事業を縮小するとむしろ混乱するとの言い分が通り、ほぼ当初の計画通りに進めることができたのである。

区画整理でも斬新な方法が試みられた。一〇〇メートル道路建設予定地には二七七もの

瀬戸線の栄町～東大手間が地下を通る100m道路。戦災復興時、防災のためにここまで幅が広い道路がつくられた。

寺院があり、多くの墓地が存在した。なかには尾張《おわり》徳川家ゆかりの墓所もあり、抵抗も大きかったが、市では尾張徳川家の協力を仰ぎ、墓地移転に反対する名家の人々を説得。およそ一八万基の墓を、新たに整備した千種区の平和公園へ移した。

さらに予定地にすでに建っていた建物の移転には、曳家《ひきいえ》法が用いられた。これは、コロやレールを敷いた上に建物を乗せ、引っ張って移動する工法である。つまり、建物ごと左右に移動させたというわけだ。なかには、地下一階、地上四階建ての鉄筋コンクリートのビルで、移動距離が二六〇メートルにも及んだものもある。

まさに、名古屋のスピーディー作戦の賜物が一〇〇メートル道路といえる。

駅の建設中に発見された遺跡に秘められた驚きの価値とは!?

知多新線 KC 24

内海
うつみ
UTSUMI

名鉄知多新線《ちたしんせん》は、河和線《こうわせん》の富貴《ふき》駅から知多半島南部の内海《うつみ》駅まで延びる観光ラインである。山間部に分け入り、トンネルが多い路線だが、沿線には南知多ビーチランドや杉本美術館などが建設され、中部圏随一の海浜リゾートである南知多への行楽輸送として、夏場は多くの観光客で賑わっている。

その終着駅が知多郡南知多町の内海駅。建設時に縄文時代の歴史を書き換える貴重な古代遺跡が見つかったエピソードで名高い駅でもある。

昭和四〇年代、名鉄は知多半島南部のリゾート開発と名古屋のベッドタウンとしての住宅造成を目指して新線建設を決定する。ルートについては二転三転したものの、一九六八（昭和四三）年に河和線からの分岐駅を富貴駅とすることが決まり、工事が始まった。

当初は、伊勢湾沿いを南下してきた線路が、小野浦トンネルを出ると右に大きくカーブするルートをとり、終点の内海駅を海岸寄りに設ける予定だった。ところがこれに住民が反対する。住民も鉄道が走るのは歓迎しているものの、海岸のすぐ近くに駅ができると海

海の跡につくられた内海駅

内海駅周辺の地形。駅を含めた中心部の平らなエリアが、縄文時代の一時期に海中に没し、一帯は細長い入り江のようになっていた。（国土地理院地形図を加工）

水浴客が町を素通りして商売にならないというのだ。そのため、内海駅の用地買収が思うように進まなかった。

そこで名鉄は思い切ってルートを変更する。町の人々の意見を取り入れて、内海駅を内陸部の開発につなげるため、建設場所を町の東側に変更したのだ。経路も小野浦トンネルを出て右にカーブせず、町寄りを走る形となった。

日本初の海進遺跡を発見

ところがこの変更が思わぬ発見を生む。

内海駅の場所も決定し、駅の建設工事が始まったさなかの一九七八（昭和五三）年、内海駅建設予定地の地下一〇数メートルから、なんと古代の遺跡が出土したのだ。これが先苅《まずかり》遺跡である。土器、貝殻、獣骨などが発見され、それらは八〇〇〇年前の縄文時代早期の貝塚と判明する。貝塚は縄文時代の人々のいわばゴミ箱。この周辺に集落があった証であり、縄文人の食生活や生活の様子などを知る手がかりになる貴重な遺跡である。しかもこの先苅遺跡はただの貝塚ではなかった。注目すべき、日本初の発見をもたらすものだったのである。

というのも、遺跡を覆っていた海性の泥土や砂が、縄文早期、氷河期が終わって海面が上昇した時期のものにあたることが判明したからだ。つまりここには縄文時代の集落があったが、海面が上昇したため海に沈んだ遺跡だったのである。

当時の海面上昇を縄文海進と呼び、この海進により水没した遺跡が日本にあることは以前から指摘されていた。ところが当時、そうした遺跡はどこからも発見されていなかった。いわば幻の遺跡が初めて見つかったのである。

この遺跡は日本における海面変動を証明する貴重な発見となった。

やがて調査終了後、遺跡は埋め戻されて跡地に内海駅が建設され、一九八〇（昭和五五）年六月、知多新線が全線開通した。地元住民の反対がなければそのまま海沿いに駅が設けられていたはずで、海進遺跡は今も地中に眠り続けていたかもしれない。

現在、貝塚を見ることはできないが、南知多町郷土資料館に出土品が展示されている。

名古屋本線　NH 14

岡崎公園前
おかざきこうえんまえ
OKAZAKIKŌEN-MAE

八丁味噌が八丁村で生まれた背景を地理から読みとく！

名古屋のご当地グルメといえば、味噌カツや味噌煮込みうどんなどが知られている。それら〝名古屋めし〟の肝といえるのが、江戸時代以来の調味料・八丁味噌。米麹《こめこうじ》を使わず、大豆と塩だけでつくられる暗褐色の辛口豆味噌である。煮込んだ大豆を二年以上熟成させる製法で、コクのある味が特徴だ。国立の醸造試験所技師だった木下浅吉が大正期に記した『実用味噌醸造法』には、「一種固有の香気を有し、頗《すこぶ》る美味に富み……」と評されている。

この八丁味噌は、名古屋本線の岡崎公園前駅の周辺一帯で製造されており、その名前は、一帯が八丁村（現・八帖町）と呼ばれていたことに由来する。

中世に起源を持ち、戦国時代には戦場食として重宝されたと伝わるが、八丁村の早川久右衛門が一六四五（正保《しょうほう》二）年に、同じく大田弥治右衛門が一六九六（元禄九）年に味噌屋を創業したのが業態としての始まりである。

以来、近世、近代を通して名古屋はおろか全国の人々に親しまれ、現在の名古屋めしに

岡崎公園前駅の近くにある、江戸時代から続く八丁味噌の老舗「カクキュー」。当時より早川家が運営している。

至る。それら二つの業者は早川家がカクキュー、大田家がまるや八丁味噌として、岡崎公園前駅の北側で現在も操業している。

矢作川と東海道が生んだ味噌どころ

八丁味噌が生まれたこの八丁村、その地名の由来は至極単純だ。岡崎城から西へ八丁（約八七〇メートル）の距離にあった村だからである。

つまり、距離がそのまま冠されたネーミングということになる。

岡崎城から八丁離れたこの場所で味噌づくりが行なわれたのには理由がある。矢作川の左岸に位置する八丁村は、矢作川の伏流水が多く湧き出る豊かな土地だった。そ

矢作川に架かった東海道の矢作橋。すぐ東に位置した八丁村が陸上交通と水運の要衝となったのは当然の結果だった。（歌川広重「矢矧之橋」『東海道五十三次』）

のため伏流水を味噌づくりに利用できるばかりか、矢作川の水運を用いて大豆や塩を運び込むことも容易だった。

さらに田中吉政が岡崎城主を務めていた間（一五九〇～一六〇〇）に、矢作川の河川改修や碧南地方での水路整備が進められ、船が容易に通行できるようになった。やがて江戸時代になり、五街道が整備されると、八丁村には東海道が通り、交通の要衝となった。

そして東海道を通じ、八丁味噌の情報が全国に広まって需要が生まれ、専業の味噌屋が成立するに至る。

このように、味噌づくりは八丁村ならではの地理的要因によって始まったものだったのである。

第四章

名鉄沿線の
ディープな歴史散歩

←

二つある桶狭間古戦場。いったいどっちが本当の場所？

名古屋本線 NH 24
中京競馬場前
ちゅうきょうけいばじょうまえ
CHŪKYŌ-KEIBAJŌ-MAE

名鉄名古屋本線の鳴海《なるみ》～有松《ありまつ》駅とその東の前後《ぜんご》駅にかけての沿線一帯は、織田信長《おだのぶなが》が今《いま》川義元《がわよしもと》を破った桶狭間《おけはざま》の合戦の古戦場である。今でも関係する史跡が多く残され、「桶狭間」と名のついた地区もいくつか存在する。

そのなかでも決戦の地、つまり義元が討たれた場所とされるのが、中央競馬場前駅から徒歩三分、名古屋市緑区にある「桶狭間古戦場公園」である。伝説地の碑や義元の墓碑、信長と義元の像などが建てられている。

「おけはざま山」に本陣を置いて休息していた義元は、突如現われた織田軍に不意をつかれて狼狽し、大高城に逃れようとして、この公園あたりまで後退したところを討ち取られたといわれている。その現場については、小瀬甫庵《おぜほあん》の『信長記《しんちょうき》』で田楽《でんがく》狭間、太田牛一《おおたぎゅういち》の『信長公記』で「足をとられるほどの泥田のそばの低地」とある。

ところが、義元が最期を迎えたといわれる地がもうひとつ、ここから西へ約一キロメートル離れた豊明市にも「桶狭間古戦場伝説地」として伝わっている。江戸時代に建てられた石碑、史跡指定標柱、義元とともに討死した重臣・松井宗信《まついむねのぶ》の墓碑などがあり、古くから義元最期の地として知られていたようで、明治時代に建てられた義元の墓もある。

迂回説と正面攻撃説

では、このように決戦の地が二か所も存在するのはなぜなのだろうか。

まずは桶狭間の戦いを振り返ってみると、一五六〇（永禄三）年、今川義元が大軍を率いて織田信長が割拠する尾張に侵攻してきたことに始まる。劣勢の織田勢は籠城か迎撃か対応策を議論したが、総大将の信長が断を下さいないまま決戦の日を迎えてしまう。

一方の義元は織田方の丸根砦《まるねとりで》、鷲津砦《わしづとりで》を落として緒戦を飾ると、桶狭間（田楽狭間とも）で休憩を取った。それを知った信長が清須城を飛び出し、熱田神宮で軍勢を整えると雨を隠れ蓑にしながら義元の本陣へ突入。義元の首を討ち取ったというものである。

ここで問題になるのは信長の進撃ルートである。従来は善照寺砦《ぜんしょうじとりで》から北方へ迂回して、豊明市の方へ回り込み、田楽狭間の義元本陣を見下ろす太子ヶ根《たいしがね》へ出て義元の背後から奇襲を仕掛けて討ち取ったと考えられてきた。しかし近年では迂回ではなく、中島砦から直進して桶狭間山の義元の本陣に正面から攻め込んだという説が主流である。

その違いは桶挟間の戦いを記した『信長公記』と『信長記』の違いによるところが大き

い。『信長公記』は合戦にも参加した太田牛一が記したもので、中島砦から直進したとある。これに従えば迂回したのではなく、今川軍を正面から攻撃したことになる。

しかし合戦の四年後に誕生した小瀬甫庵が江戸初期に記した『信長記』は、「敵勢の後ろの山に至り」「山際までは旗を巻いて忍び寄った」としており、迂回説を採っている。

寡兵の織田勢が大軍の今川勢を破った根拠としやすいことに加え、江戸時代に『信長記』が広まったこともあり、こちらの迂回奇襲説が主流となっていった。

ただし今では史料価値が高いのは『信長公記』とされており、正面攻撃説が有力視されている。そのため名古屋市が有力なようだが、一方では別の迂回ルートで豊明市の古戦場跡付近にいた義元を討ち取ったという新説が出るなどどちらも決め手はない。

名古屋市教育委員会が出した『名古屋の史跡と文化財』では、現段階では合戦場は両地域を含んだ広範囲にわたると推定している。すなわち三万人弱の軍勢がひしめいていたことを考えると、その行軍の列は一キロメートル以上にも及ぶ。そのため先頭が名古屋市の古戦場伝承地に達した時に、殿《しんがり》が豊明市の伝承地付近にいたとしてもおかしくない。そのため合戦は両地域を含んでおり、義元がどこで討ち取られたのかはわからないという。

または討たれたのは豊明市の伝説地だが、義元の首が名古屋市の古戦場跡に置かれたため誤解を招いたという説もあり、両者の争いはいまだ決着がついていない。

桶狭間の戦いの２つの候補地

桶狭間古戦場伝説地

豊明市にある。1600（慶長5）年に執筆された『信長公記』の記述から推定された決戦の地。

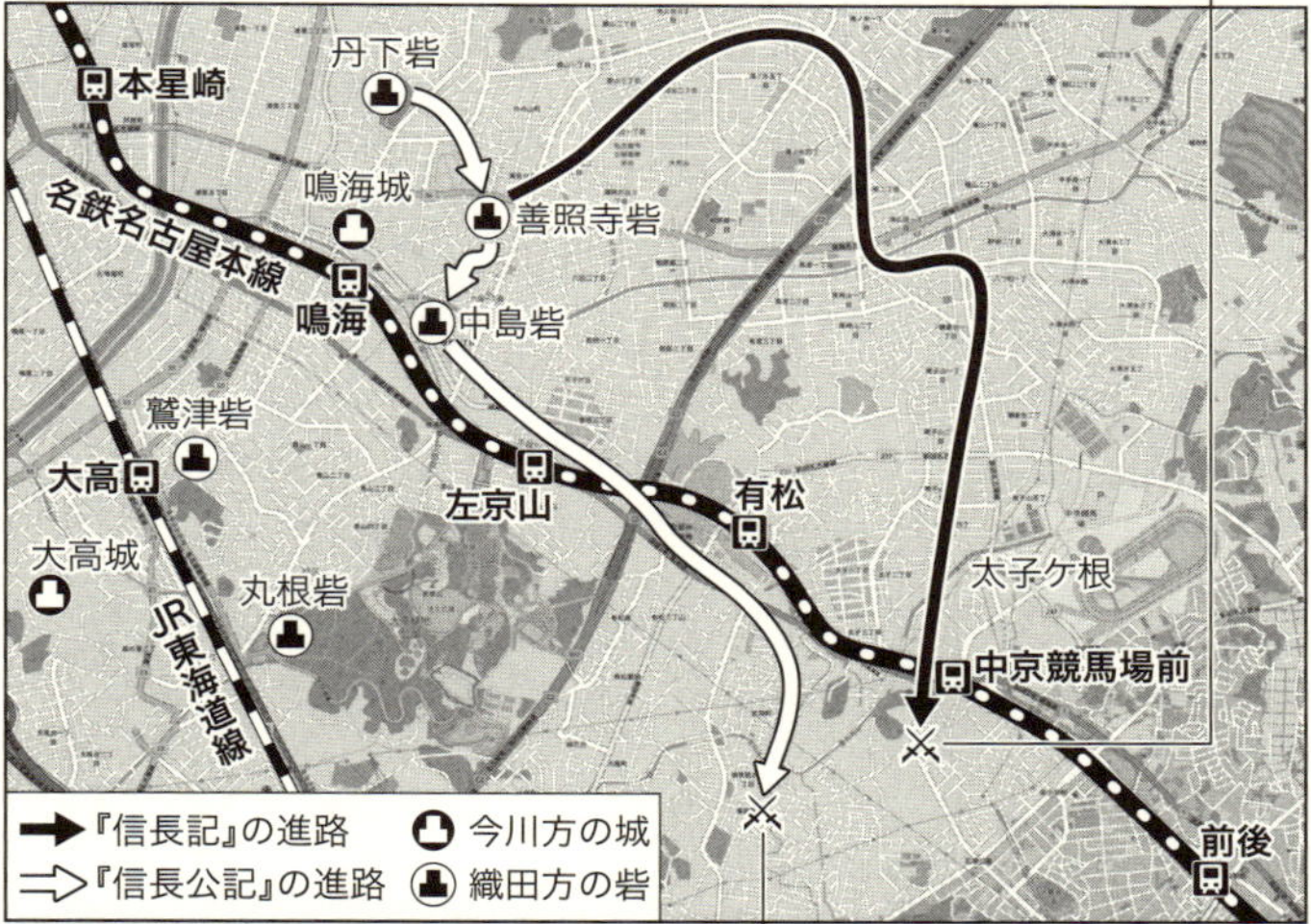

桶狭間古戦場公園

名古屋市緑区にある。『信長公記』に加筆・修正を加えた『信長記』の記述により推定された場所。

名古屋本線の鳴海〜前後間にわたる範囲が桶狭間の戦場址だが、厳密には史書により違いがある。とくに名古屋市と豊明市には両方ともに、今川義元が敗死したと推定される場所がある（©OpenStreetMap）。

熱田神宮に伝わる、唐と日本をまたにかけた奇想天外な楊貴妃伝説とは？

名古屋本線
常滑線
NH 33

神宮前
じんぐうまえ
JINGŪ-MAE

名鉄神宮駅前のすぐそばに鎮座する熱田神宮は、天叢雲剣《あめのむらくものつるぎ》（草薙《くさなぎ》の剣）を御神体として祀り、日本武尊《やまとたけるのみこと》伝説の舞台となった神社である。そのほかにも、源頼朝《みなもとのよりとも》の母が熱田神宮の神職を勤める家の出身であったり、織田信長が桶狭間の戦いを前に戦勝祈願を行なったりと、様々な伝説に彩られた歴史ある神社だ。

その数々の伝説のなかには、なんと楊貴妃伝説まである。楊貴妃《ようきひ》といえば、唐朝六代目の皇帝玄宗《げんそう》の寵姫《ちょうき》で、世界三大美女の一人と讃えられる女性である。その楊貴妃がなぜ熱田神宮と関係があるのか？

じつはこの玄宗、なんと日本を侵略しようと企てていたことがあったという。東アジア最大の帝国である唐に攻め込まれては、日本などひとたまりもない。この企てをいち早く知った日本の神々は、日本存亡の危機とばかりに、唐の企てを食い止めようと協議を重ねた。その結果思いついたのが、唐の皇帝である玄宗を色仕掛けで籠絡しようというものだった。

熱田神宮内の境内に楊貴妃の墓の一部として伝わる石。周囲に湧き出る水で肌を洗うと楊貴妃のように美しくなるといわれている。

正体は神様だった楊貴妃

そこで、女神の一人を四川省《しせんしょう》の役人である楊家の娘として誕生させた。すくすく育った娘は絶世の美女となり、やがて宮廷の官女となった。その美しさは目を見張るばかりで、見事、二〇歳のときに玄宗の目にとまり、七四五年、貴妃の位を射止めたのである。

玄宗は英明な君主で、宰相の意見もよく聞き入れ、「開元《かいげん》の治《ち》」と讃えられる唐帝国の全盛時代を築いた人物だ。しかし、玄宗も、楊貴妃の魅力にはかなわなかった。楊貴妃は、美貌はもちろんのこと、非常に聡明な女性で、玄宗の望みをいち早く察し、行動したという。楊貴妃と出会ったあとの玄宗は、その後、ほかの女性には見向きもしなくなった。

日本の神々の企みは見事に成功し、すっかり楊貴妃に夢中になった玄宗は、日本侵略に興味を失ったという。

その後、安禄山《あんろくざん》という人物が反乱を起こし、大軍を率いて長安《ちょうあん》に進軍。戦いに敗れた玄宗は楊貴妃を伴って蜀《しょく》へと逃れようとしたが、楊貴妃を反乱の元凶と考える近衛兵がボイコットを起こしたため、途中の馬嵬で楊貴妃を殺害した。楊貴妃は三七歳だった。

こうして見事に唐の日本侵略を阻止するという大役を果たした楊貴妃。殺されてしまったものの、その正体は神様なので、その後、熱田神宮に戻ってきたという。

この伝説は鎌倉時代の頃から熱田神宮に伝わるものだ。荒唐無稽な話に思えるが、享禄《きょうろく》年間（一五二八〜一五三一）に描かれた境内図のひとつには、楊貴妃の墓が描かれているし、多くの文献が楊貴妃伝説について記している。

現在、楊貴妃の墓とされるものは残っていないが、楊貴妃にまつわるスポットはある。熱田神宮の境内の奥に、清水社という小さな祠があり、その背後には古来枯れたことがない清水がある。この清水の中にひとつの苔むした石があり、これこそが楊貴妃の墓の一部だといわれているのだ。この石に柄杓で水をかけ、続けて三度かかれば願い事が叶うという伝説があり、今や大人気のパワースポットとなっている。

国宝〝金蓮寺の弥陀堂〟が語る鎌倉幕府の内情とは？

西尾線 三河荻原
※廃駅

西尾線の旧三河荻原《みかわおぎわら》駅から北に向かい、赤坂橋で矢崎川を渡って東に進むと、金蓮寺《こんれんじ》がある。「饗庭《あいば》のお不動さん」として地元の人々から親しまれている寺院だが、実はこの金蓮寺の弥陀堂は愛知県下に三点しかない国宝指定の建造物である。

鎌倉時代の一一八六（文治《ぶんじ》二）年に建立されたものとされ、弥陀堂は桁行《けたゆき》三間、梁間《はりま》三間、檜皮《ひわだ》葺き、一重寄棟《よせむね》造。江戸時代以後だけでも一六七八（延宝《えんぽう》六）年、一八〇五（文化二）年、一九〇五（明治三八）年と三回にわたり修復されており、一九五四（昭和二九）年には大規模な解体修理も行なわれているが、現在も創建当時の状態が保たれ、優美でありながら、鎌倉時代の力強さを感じさせる豪壮な姿を見せている。

金蓮寺は源頼朝の命により、三河国の守護・安達盛長《あだちもりなが》が造立したと伝えられている。当時は鎌倉幕府の草創期にあたり、武家政権が鎌倉を中心に成立しつつある時代。まだ幕府の勢力範囲は東国に限られ、西国は朝廷の支配下にあった。三河国はそうした西国と東国の境にあたり、幕府勢力の西限にあたった。

この三河の地に幕府の権威を示す必要があった頼朝は、その方法のひとつとして、在地武士や民衆に強い影響力をもつ宗教政策を行なうこととし、三河国内に七つの御堂をつくらせたのである。

安達盛長の勢力は東三河に偏っていた!?

盛長によって建立された七つの御堂は、金蓮寺をはじめ、豊川市の財賀寺《ざいかじ》、豊橋市の赤岩寺《せきがんじ》と普門寺《ふもんじ》、蒲郡市の長泉寺《ちょうせんじ》と全福寺《ぜんふくじ》（廃寺）、新城市の鳳来寺《ほうらいじ》で、「三河七御堂」と呼ばれている。

さて、ここで不思議なのが、これらの七つの寺を地図で照らし合わせてみると、金蓮寺以外はすべて東三河に位置しており、金蓮寺だけが西三河にあることだ。

三河の地を掌握し、強い支配権を示すために宗教を利用しようと考えたのであれば、東三河だけでなく、西三河にももっと多くのお堂を建てる必要があったはずだ。なぜお堂は東三河に偏っているのか。

これが意味するのは、盛長は東三河に強い影響力をもっていたが、西三河との関係が薄かったのではないかということである。じつは三河国の守護として判明している人物は非常に少なく、安達盛長のほかには吉良西条城（西尾城）を築城したとされる足利義氏しか

国宝に指定されている金蓮寺の弥陀堂。管理者へ申請すれば、5人以上のグループに限り内部の見学が許可される。

いない。足利氏といえば、ご存じのように後に室町幕府を立ち上げた足利尊氏の一族であり、足利氏からは仁木《にっき》氏、細川氏、一色氏、吉良《きら》氏、今川氏などが派生し、今でも西三河各地にそれらの地名が残っている。

さらに、細川氏は、江戸時代には熊本藩主となり、吉良氏の子孫には、江戸時代に赤穂浪士に討ち入りされる吉良上野介がいる。じつに役者揃いの一族といえるだろう。

その足利義氏の痕跡は西三河に多く、盛長は東三河に多い。

足利義氏が東三河の守護となったのは承久の乱後のことであるから、三河七御堂が東三河に多いのは、やはり盛長、ひいては鎌倉幕府の勢力が西三河に及んでいなかったからだったといえよう。

名古屋本線 NH 19
知立
ちりゅう
CHIRYŪ

知立神社の神主にまつわる史実を覆す出自伝説とは？

名鉄名古屋本線の知立駅から少し歩いたところに知立神社がある。

『知立神社旧記』によれば、創建は一一二（景行《けいこう》天皇四二）年と古く、日本武尊に従って東国平定の戦いで功を挙げた吉備武彦命《きびたけひこのみこと》が尊の内意を受けて鵜草葺不合命《うがやふきあえずのみこと》を主祭神とする皇祖四神を祀ったのが始まりと伝えられている。

この知立神社は、徳川家と縁が深い。なんと、徳川家康の息子が、この神社の神主職を務めていたというのである。その子の名は永見貞愛《ながみさだちか》という。

しかし、徳川家の系譜を調べても、どこにも貞愛などという人物は登場しない。いったい彼は何者なのか。

『柳営婦女伝系《りゅうえいふじょでんけい》』という史料によると、徳川家康の次男・結城秀康《ひでやす》には、双子の弟がいたという。母親はお万《まん》で、一五五八（永禄元）年に家康が知立城を訪れた際に将来の輿入れを命じられ、一五七二（元亀三）年に一六歳で引き取られた女性である。やがてお万は一五七四（天正二）年に家康の息子を生んだ。しかし、その息子というのが双子だった。当時、双子は動物のような多産とみなされて「畜生腹」と呼ばれ、忌み嫌われていた。そこで、双子の兄弟のうちの一人が、母親のお万の実家である永見家に預けられたのだ。これが貞愛である。貞愛はお万の弟の貞親に育てられ、成長して知立神社の神主職を継いだという。

もうひとりの子・秀康は、於義丸《おぎまる》と名付けられて徳川家に残されたが、家康から忌み嫌われ、三歳になるまで対面すらできなかった。しかも、長男の松平信康《まつだいらのぶやす》が一五七九（天正七）年に信長の命によって自刃させられたあとも、本来ならば有力な後継者となるはずなのに、豊臣秀吉の養子とされ、その後、結城家の名跡を継がされた。秀康の名も秀吉から与えられたものである。

この二人の兄弟は、その後も決して幸せとはいえなかった。もともと身体が決して丈夫とはいえなかった貞愛は、一六〇四（慶長九）年に三一歳の若さでこの世を去り、秀康もまた、その三年後に梅毒で三四歳という若さでこの世を去ったのである。

知立駅近くの小松寺の境内には貞愛の墓とされるものが残り、高野山蓮花院にも、秀康やお万の墓と一緒に石廟が建てられている。

徳川家の人間とは認められなかった貞愛だが、死後、ようやく母親や兄とともに墓に入ることが許されたようだ。

名古屋本線 NH 53
新木曽川駅
しんきそがわ
SHIN KISOGAWA

山内一豊誕生の地は黒田城！……とはいいきれない？

名鉄名古屋本線の新木曽川駅から徒歩五分のところにある一宮市木曽川町の黒田小学校。その校庭には、織田信長、豊臣秀吉、徳川家康の戦国三傑すべてに仕えて土佐二四万石の初代藩主となった山内一豊《やまうちかずとよ》の生誕地を示す碑が建てられている。

山内一豊といえば、妻の内助の功のエピソードでも有名だ。

一豊が信長の馬揃《うまぞろ》え（観兵式・軍事パレード）に参加するのための馬を買うお金がなくて困っていると、妻の千代が実家から持参してきたお金を差し出して名馬を買わせ、それが出世のきっかけとなったことや、関ヶ原の合戦時には、千代が夫に西軍の動きを知らせる手紙を送ったことにより、家康から高評価を得た逸話が知られている。

こうした内助の功に支えられ、土佐一国を与えられた山内一豊。そのルーツは尾張にあるといわれている。

山内氏は、もとは丹波《たんば》の住人で、一豊の祖父・久豊《ひさとよ》の時代に尾張へ移住してきたという。その子・盛豊《もりとよ》が岩倉城主・織田信安《のぶやす》に仕えて家老になり、黒田城を預けられた。そこで一五四五（天文一四）年に生まれたのが三男（または次男）の一豊だったという。

しかし、一豊のルーツを巡ってここでひとつの壁に突き当たる。黒田城が一豊生誕地で決まりかというと、どうやらそうともいえないようなのだ。たしかに山内家伝や幕末の『尾張名所図会《おわりめいしょずえ》』には、山内一豊は黒田城で誕生したと記されているが、じつは黒田城以外にも生誕地とされる場所が存在している。

尾張藩地誌は一豊の生誕地については記していないものの、山内家を「岩倉の人」とみなしている。これを根拠に、岩倉市では盛豊が岩倉家の家老を勤めていたため、岩倉城に常駐し、一豊も岩倉城で生まれたという説が唱えられてきた。

その岩倉誕生説については、生誕の場所についてある史料が発見されている。大正時代に下本町の神明生田神社で発見された「山内但馬守盛豊卿御家武運長久祈所」と記した棟札である。これは一五五四（天文二三）年に岩倉城内の盛豊の屋敷の近くにあった生田神社の正殿を造営したことを示すものと考えられ、一豊もこの付近で誕生した根拠とされている。そのため現在の神社境内に一豊生誕地の碑が建てられた。ただし神社は江戸時代に現在地に移転しもので、本来、碑が立つ場所ではない。

以上の事実から一豊の生誕地については、黒田城説が有力視されるものの、岩倉城とする説も根強く、今も意見が分かれている。

名産品・有松絞りが ココで生まれたのには理由があった？

名古屋本線 NH 25

有松
ありまつ
ARIMATSU

名古屋本線で名古屋から豊橋方面へ向かい、名古屋市の端まで来ると、有松駅へ到着する。高架駅の南側へ降り、一本南側の道へ出ると、古い町屋が並ぶ地域がある。江戸時代から明治、大正期以来の町並みが残り、二〇一六（平成二八）年に重要伝統的建造物群保存地区に指定された「有松の町並み保存地区」である。

塗籠造《ぬりごめづく》りやなまこ壁、桟瓦葺《さんかわらぶ》きなどが飾り立てる豪華な建物が残るのは、ここ有松が街道筋にあたり、かつ有松絞りという名産品によって潤っていたことが挙げられる。

有松絞りとは、布を糸で締めることによって濃淡をつける染め物の一種で、尾張藩の特産品として保護されてきた。有松絞りの手拭や浴衣などは、東海道を行く旅人にとってよいお土産となり、街道一の名産品ともてはやされた。

この有松絞り、ほかの場所で生まれたのであれば当然、別の名前が付けられていただろう。しかし、有松の地で生まれたのには必然ともいうべき理由がある。

もともと有松の地には宿場町はなかった。当時、東海道の鳴海宿と池鯉鮒宿《ちりゅうしゅく》の約一二キ

名古屋本線の有松駅からすぐの場所に伝統的な建築物が残る有松の町並みが広がる。

ロメートルの区間は、小山と松林が続く場所で、松に隠れた強盗に襲われる危険地帯だった。そこで尾張藩は、一六〇八（慶長一三）年、ここへ新しい宿場町をつくるようお触れを出す。同時に藩は、諸役免除、屋敷地不課税の特権を与え、有松への移住を奨励した。すると阿久比《あぐい》などから二九名の農民が移住した。

だがこの有松という土地は、耕地が少なく農業には向いていない。付近を流れる境川の流量が少なく、一帯は耕作ができないのだ。いくら特権があるとはいえ、このままでは飢え死にしてしまう。有松の住民は何とか日銭を稼ぐ必要があった。

そうした折、一六一〇（慶長一五）年に名古屋城の普請が始まった。有松の住民たちは収入源を求めて、名古屋へ出稼ぎに赴いた。このとき、有松の竹田庄九郎という人物があるものを発見する。一緒に働いていた者が珍しい絞模様の手拭をもっていたのだ。庄九郎が模様について尋ねると、彼らの故郷ではよくある染め物だという。

これは豊後絞《ぶんごしぼり》だった。庄九郎はこの男から使い古しの布をもらい、有松で試行錯誤を繰り返し、商品の域にまで品質を高めたのである。

江戸時代に浮世絵に描かれた有松絞り。店の外に課された絞り染めがたなびいている。（歌川広重『五十三次名所図会　四十一　鳴海』）

その後、有松絞は尾張藩の特産品となり、明治期以降も不動の人気を維持して現代に至る。有松絞りが生まれたのは、有松の地が農業に向かない場所だったからといえそうだ。

飛行機の街・各務原を生んだのは、地元の農民の怒りだった！

各務原線

各務原線《かかみがはらせん》はJR高山線とほぼ並走しながら、犬山線が乗り入れる新鵜沼《しんうぬま》駅から名鉄岐阜駅を東西に結んでいる。沿線風景を特徴づけるのは、何といっても各務原線の南側に広がる航空自衛隊岐阜基地の広大な飛行場だろう。多くの練習機や輸送機、戦闘機などが日夜飛んでおり（夜間飛行は週一回）、毎年秋には航空祭が催され、曲芸飛行などを見ることもできる。また二〇一七（平成二九）年から一般公開された基地内の「広報館」では、退役した名機を間近で見ることが可能だ。

飛行場の周辺は、川崎重工業岐阜工場をはじめ航空機を製造する多くの企業が立地し、航空宇宙産業の集積地となっているほか、「かかみがはら航空宇宙博物館」でも四三機（二〇一八年六月現在）の航空機を見学することができる。

このように各務原線沿線は、まさに〝空の街〟を形づくっているといっても過言ではない。空の街になったのは、一九一七（大正六）年に各務原飛行場（現・岐阜基地）が開設されてからである。じつは、その経緯には、地元の農民が深く関わっている。

不毛の地が大砲の演習場に

各務原一帯は、黒ぼく土と呼ばれる土壌が広がっており、水はけが良すぎて耕作に向かない土地だった。そのため、江戸時代は畑の肥料になる雑草を刈り取るための秣場《まぐさば》として、近隣農村の人々に利用されていた。だがそうした不毛の地だからこそ、軍事演習には最適。嘉永年間（一八四八〜一八五四）には、各務原の地を治めていた旗本・坪内嘉兵衛から、同地を大砲の稽古場として使用するよう幕府へ申請が行なわれている。この申請は明治維新後に取り上げられ、一八七〇（明治三）年に加納藩の中間二人によって大砲の試射が行なわれた。

やがて一八七六（明治九）年になると、本格的に軍事演習場としての使用が検討される。近隣農村は相変わらず秣場として使用していたが、陸軍が村々と行なった交渉の結果、一八七九（明治一二）年に住民たちは用地買収に応じた。

ただし、このときの買収には条件がついた。それは、いつか土地が不要となったらもとの持ち主（近隣農村）へ売り戻すことと、もとの持ち主が下草を刈り取ることである。この売り戻しの約束が、のちに飛行場建設のきっかけを生み出すのである。

各務原で毎年行なわれる航空祭で披露される、ブルーインパルスによる曲技飛行。

買収時の約束違反に住民激怒

こうして各務原一帯は陸軍の演習場になり、辺りには砲声が轟くようになった。

しかし大砲の技術が進歩するにつれ、新たな問題が発生する。性能が向上して砲弾の飛距離が伸びたため、演習場から砲弾が飛び出すようになったのである。陸軍は周辺住民が危険に晒されることを憂慮して、一八九九（明治三二）年頃から実弾演習を中止。各務原の演習場では大砲が撃てなくなった。

その後しばらくは大砲以外の演習が行なわれていたが一九一一（明治四四）年、演習場の大半を内務省へ移管し、その土地を海津郡の住民に払い下げることが決められた。当時、内務省によって木曽川、長良川《ながらがわ》、揖斐川《いびがわ》の工事が行なわれており、流路の変更に伴って海津郡の住民は立ち退きを余儀なくされていた。内務省は彼らを各務原へ移住させて、開墾させればよいとしたのだ。

この決定に驚いたのは、周辺の農民である。彼らは当初、土地が不要となったらもとの持ち主（近隣農村）へ売り戻すことを条件に、陸軍へ土地を売却したのだ。その約束を無視して地元に何ら関係のない人々へ払い下げられるのは、到底納得できない。地元では那加村の代表者が、岐阜県知事を動かして東京へ出向き、陸軍と直接交渉する手段に出た。

那加村の代表者の反論に対し、陸軍は「住むに家無き陛下の赤子《せきし》の為」内務省の案を了承したとして、陳情を取り下げようとした。しかし那加村の代表者は「我が那加村の住民も亦《また》陛下の赤子である」として、頑なに譲らない。そしてついには当初の約束の話もあり、陸軍側が折れて演習場払い下げが中止になったのである。

こうして、演習場の敷地は陸軍がそのまま管理する形となった。当時は陸軍内で航空隊の創設が進んでおり、その飛行場の候補地になる。やがて一九一六（大正五）年に飛行場が開設された。その後、昭和にかけて陸軍飛行第一連隊、第二連隊などが進出。さらに一九二二（大正一一）年に川崎造船所各務原分工場（現・川崎重工業岐阜工場）ができたのを皮切りに航空産業の工場が多数集積し、空の街となったのである。

竹鼻線 TH 07
羽島市役所前
はしましやくしょまえ
HASHIMA-SHIYAKUSHO-MAE

大須の繁華街の中核である観音様の意外な出身地とは？

名古屋の繁華街といえば、若者が多く集まる栄《さかえ》や、新幹線が近くビジネスパーソンに人気の名古屋駅周辺などが知られているが、それらに引けを取らないのが大須《おおす》エリアである。

江戸時代の参詣スポットであった大須観音を中核として形成されたエリアで、市営地下鉄鶴舞線の大須観音駅から上前津《かみまえづ》駅にかけて、大小の商店街が縦横に伸び「名古屋の下町」と呼ばれている。個性豊かなショップが並び、東の秋葉原、西の日本橋《にっぽんばし》と並ぶ電気街、アニメ街としても知られている。

この賑わいを生みだした大須観音は、いまでも初詣の時期などは参拝客でごった返すほど人気だ。地元名古屋の人々から親しまれていることがうかがえるが、もともとは名古屋ではなく、岐阜県羽島市生まれの寺だということは、あまり知られていない。

大須観音は、建久《けんきゅう》年間（一一九〇～一一九九）に尾張国中島郡長岡荘《ながおかのしょう》大須郷に建てられた観音堂がルーツである。大須郷は木曽川と長良川の流れが合流する場所にあって、現在の岐阜県羽島市桑原町大須にあたる。名古屋の大須の名もこの桑原町大須が由来だ。

洪水から守るために名古屋へ移転

南北朝時代になると、能信上人《のうしんしょうにん》という僧が観音堂の住持となり、ここに真福寺《しんぷくじ》を建立した。観音堂は一三二四（元亨《げんこう》四）年、北野社の神宮寺となり宝生坊《ほうしょうぼう》（宝生院）と呼ばれるようになる。

当時の真福寺は、美濃、尾張、三河、遠江《とおとうみ》、伊勢、信濃《しなの》の真言宗寺院の本山であり、一万石以上の広大な寺領を有していた。また能信上人以降の歴代の住持は『古事記』『弘法大師伝』など、和漢の古典籍を収集しており、それらは「真福寺本」と呼ばれて当時から貴重な文献として知られている。

まさに隆盛を誇った大須観音だが、ひとつだけ問題があった。それは木曽川と長良川の合流点という、洪水が頻発する場所に位置していたことである。必然的に真福寺は度重なる洪水の被害に遭い、所蔵していた貴重書の多くを失った。

そうした折、真福寺が徳川家康の目に留まる。読書家だった家康は、貴重な古文書が水難の危機と隣り合わせの状態で真福寺に所蔵されていることを知り、一六一二（慶長一七）年、古文書を宝生院ごと、洪水の恐れのない名古屋の現在地へ移したのである。それ以来、大須観音は歴代尾張藩主の崇敬を受けながら保護されてきた。いまでも大須観音は、中島郡から移された『古事記』の写本や『漢書食貨志《かんしょしょっかし》』などの国宝をはじめ、『扶桑略記《ふそうりゃっき》』『将門記《しょうもんき》』など数多くの重要文化財を所蔵している。

本家の大須観音の最寄りは廃駅

一方、大須観音のルーツであった桑原町大須には、いまも地元から大須観音と呼ばれる寺院がある。

宝生院（大須観音）が名古屋へ移った直後、信仰していた観音様を偲んだ村民たちが跡地に同名の寺を新たに建立し、同じように大須観音として親しんできたのである。

この寺院は、竹鼻線の羽島市役所前駅から、市のコミュニティバスで約二〇分の場所にある。かつては江《え》吉良《ぎら》駅から寺院の前（大須駅）まで竹鼻線が延びており利便性があったが、二〇〇一（平成一三）年に廃線となってから参拝客も減少し、ここが大須観音の故地ということを知る人もさらに少なくなっている。

岐阜県羽島市にある真福寺（大須観音）。繁華街の中心となっている名古屋の大須観音のルーツにあたる。

妖怪じゃなくて痔の神様？ 塩釜神社の河童伝説

名古屋本線 NH 35

山王
さんのう
SANNŌ

名古屋本線山王駅の近くにある商店街の一角、名古屋市中区に鎮座する鹽竈《しおがま》神社は一六一〇（慶長一五）年に徳川家康が命じた名古屋築城の際、工事の安全を祈願して宮城県塩竈市に鎮座する奥州一之宮の同名神社から分霊を尾張に迎えたのが起源である。当初は名古屋城内に祀られていたが、江戸末期に現在地へ移転した。

この神社の一角には河童《かっぱ》が無三殿《むさんどの》大神という神様として祀られている。河童といえば頭の上に皿を乗せ、キュウリと相撲を好むというユニークな性格を持つ反面、ときには人を水中に引きずり込んで殺す恐ろしい一面を併せ持つ水辺の妖怪だ。

そうした妖怪がどうして神様として祀られているのだろうか。

それは次のような伝説によるものだという。その昔、山王橋の近くに「むさんど橋」という橋がかかっていた。

この橋の名前は尾張藩の武将、松平康久《まつだいらやすひさ》入道《にゅうどう》無三《むさん》という人物の屋敷があったため「無三殿」と名付けられ、それがなまって「むさんど橋」と呼ばれたのだという。このむさんど橋の下にはむさんど川が流れ、そこに河童が住んでいた。

あるとき、二平という農民がこのむさんど橋を通りかかると子供がうずくまっていたので心配して近づいたところ、なんと子供ではなくて河童だった。二平は相手が妖怪なので一瞬驚いたが、病気なのを放っておくわけにもいかず自宅に連れ帰り、介抱してやった。

すると回復した河童は、「頭の皿がなくなったことも忘れて遊びふけっていたため、気付いた時には川に飛び込む元気がなくなっていました。あなたが助けてくれなかったら私は死んでしまっていたでしょう。助けてもらったお礼に願い事をひとつかなえて差し上げます」と言う。

そこで二平が「痔《じ》を治してほしい」と言うと、河童は、明日の朝、むさんど橋まで来て川の方に向かって尻を出すようにと言い置いて帰っていった。そこで翌日、二平がその通りにしてみると、長く患っていた痔が嘘のように治っていたという。

それ以降、この話がどこから伝わったのか、お尻を晒《さら》してこの川に映すと、痔を治してくれるという言い伝えが広まり、痔に悩む人々が訪れるようになった。

この河童はやがて川神さまとして信仰され、「無三殿大神」として祀られた。以降、神様として痔を治すだけでなく、子供の守護神や商売の神としても人々に親しまれ、毎年八月には「カッパ祭り」が開かれている。

えっ? 岐阜県域の県庁所在地が笠松だったことがある!?

名古屋本線
竹鼻線
NH 56

笠松
かさまつ
KASAMATSU

名古屋本線と竹鼻線が乗り入れる笠松駅の改札を出入りする乗客は、笠松競馬開催日を除くと、それほど多くない。乗車人員は、一日平均で三五〇〇人ほど。一万五〇〇〇人を超える名鉄岐阜駅や、一三万人以上の名鉄名古屋駅に比べるとはるかに少ない。

だが、この笠松の地に県庁が置かれていたことをご存じだろうか。しかもその県は、いまの岐阜県域のうち、半分の美濃地方をほとんど管轄していたのだ。競馬場周辺に広がる住宅街といった趣の笠松だが、岐阜よりも都会だったのか。

笠松は一五八六(天正一四)年に新しく生まれた。〝生まれた〟と表現するのは、木曽川が乱流して新しくできた土地だからだ。このときの洪水で木曽川の流れが川島地区を乱流したあとで南へ折れる形へ変わり、その屈折点にできた木曽川と長良川の中州が開発されて笠松の町がつくられた。

関ヶ原の合戦後、美濃は徳川家に接収されて大名領、幕府直轄領、旗本領などが混在する地となり、直轄領を郡代が支配した。その後、一六五〇(慶安三)年に「枝広の洪水」

笠松陣屋跡。江戸時代を通して美濃国を統治し、明治初期には現在の岐阜県南部の行政の中心だった。

が起こると、その復興のため、幕府は笠松村に仮屋を建てて、工事などの庶務を行なった。これが一帯を統治する役割を負うようになり、一六六二（寛文二）年に正式な幕府の代官陣屋となった。美濃一国は、そのほとんどが幕領となり、笠松がその中心地となる。つまり、笠松に陣屋が置かれたきっかけは洪水の復興工事のためだった。

笠松が岐阜県南部のほとんどを支配

笠松陣屋は江戸時代を通して二〇〇余年間存続した。幕府が倒れて明治維新を迎えると、一八六八（慶応四）年四月一八日に笠松陣屋は笠松裁判所という名前になり、引き続き美濃国を統治した。

一月後の閏《うるう》四月二五日、笠松裁判所が廃止されると、代わりに笠松県が置かれ、笠松は県庁所在地となる。翌年二月には美濃国内の磐城平《いわきだいら》藩の領地一万八〇〇〇余石が笠松県へ移管され、翌年には平島村、伏屋村も笠松県に接収された。

このとき美濃国内には、笠松県以外にも多くの県が存在した。大垣県、野村県、高富県、郡上《ぐじょう》県、岩村県、苗木県、加納県、今尾県である。だがどれも小藩を引き継いだだけであり、笠松県が三三万石を統治していたのに対し、二番目に大きな大垣藩は一〇万石、それ以外はひと桁で、やはり美濃国はほとんどが笠松県下にあった。

交通が便利な場所に移転

美濃国の各県が岐阜県になったのは、一八七一（明治四）年一一月のことである。もともと九つも県があり行政上の不便が生じていた。そこで今泉村に県庁を移転することとし、県名を岐阜県とした。このとき今泉村へ移転したのは、商業が盛んで交通が便利な岐阜町に隣接していたからである。

岐阜県という名前になってからも、はじめは旧笠松県庁で事務が行なわれていたが、一八七三（明治六）年には今泉村の西本願寺別院を借りて移転。さらに新県庁の建設が始まり、翌年に移転した。現在は笠松陣屋跡だけが唯一の遺構である。

第五章

名鉄沿線のスポットにまつわるミステリー

戦後名古屋のシンボル・テレビ塔がアノ形になった経緯

瀬戸線 ST 01

栄町
さかえまち
SAKAEMACHI

東京のシンボルといえば、スカイツリーと東京タワーだ。同じく札幌はテレビ塔、横浜はマリンタワー、京都は京都タワー、大阪は通天閣《つうてんかく》にアベノハルカス、神戸はポートタワー、福岡は福岡タワーといった具合に、タワーがその街を象徴する存在になっている都市は多い。

では、並み居る国内のタワーのなかで、もっとも古い歴史をもつタワーはどれか？

名古屋において町のシンボルとなっているのが、久屋大通公園にそびえる「名古屋テレビ塔」である。

名古屋テレビ塔が完成したのは、一九五四（昭和二九）年六月で、東京タワーよりなんと四年も早い。高さは一八〇メートルで、当時の日本で一番の高さを誇る建築物だった。地上一四メートルに三階と四階のフロアがあり、その上地上九〇メートルのところに展望台が備えられている。名古屋でもっとも強い存在感を示している名古屋城天守の最上階はもちろんのこと、当時、名古屋で一番高かった松坂屋本店の屋上にあった展望閣（軒高三〇・六メートル、最高で三九・六メートル）より二倍以上も高く、名古屋の町を一望する絶景をひと目見ようと多くの人が詰めかけ、大人気を博した。

今でこそ日本一の高さは奪われ、超高層ビルの出現で名古屋一の高さの座も明け渡したテレビ塔だが、名古屋のシンボルとして愛され続けている。

鉄道計画を妨げないように広げられた四本の足

名古屋城、名古屋駅と並ぶ名古屋のシンボル・テレビ塔。重心を低くするため、足が短くなった。

さて、その名古屋テレビ塔は、四本の橋脚が広がった形をしているが、なぜあのデザインになったのだろうか？　本来はテレビ電波を送信する電波塔なのだから、もっと単純なスタイルでも良かったはずだ。

当時、名古屋にはすでに桶狭間にラジオ放送用があり、さらに刈谷《かりや》の依佐《よさ》美《み》送信所にも長波用の高さ二五〇メートルの鉄塔八基があった。そこで、新たな鉄塔を建てるにあたり、「東洋のエッフェル塔」を目指そうというアイディアが提案される。そこで、パリのエッフェル塔と同様に足を広げたAラインのテレビ塔が建設されることになった。

しかし、エッフェル塔と言われると、名古屋テレビ塔は、少々不格好に見えてしまう。もう少しカッコよくできなかったものかと思うのだが、これにはやむを得ない理由があった。

名古屋テレビ塔の建設は、広い用地が必要なことから、市街地の中心に計画されていた幅員一〇〇メートル道路の二本（現・久屋大通、若宮大通）の道路上に建設しようということになった。ところが、道路上に建物は建てられない。この難題については、テレビ塔は工作物だという建前でクリアしたのだが、もうひとつ、さらに重大な問題が残った。一九四七（昭和二二）年に発表された高速度鉄道第三次計画によって、久屋大通の地下には高速度鉄道南北線（現・地下鉄名城線）が通る計画になっていた。テレビ塔建設計画のほうが後から持ち上がった計画なので、もはや鉄道計画を変更することはできない。結果、四本の脚は深さ六メートル程までしか埋め込むことができなかったため、四本の橋脚を開いた形にしたのである。

先行する鉄道計画のために、ちょっと無理やりな感じで四本の足を広げる羽目になった名古屋テレビ塔であった。

名鉄自動車学校の校舎の屋根が階段状になっている納得の理由

名古屋本線 NH27
鳴海
なるみ
NARUMI

名古屋市緑区の鳴海駅を出て北へ徒歩一〇分、緑区鳴海町文木にある名鉄グループのひとつ、名鉄自動車学校。いわゆる教習場であるが、外見からして類を見ない形をしている。校舎の屋根へ目をやると、そこには大きくて幅広い、堂々たるつくりの階段があり、屋根のほぼ全体を覆っているではないか。いったいこれにはどのようなわけがあるのだろう。

かつてここには、鳴海球場という野球場があった。しかもそれは、日本で初めてプロ野球の試合が行なわれた伝統ある球場だったのである。

日本では大正末期から野球の人気が高まり、甲子園球場や神宮球場に大勢の観客が押し寄せていた。そこで名鉄の前身である愛知電気鉄道（以下、愛電）は、鳴海駅から徒歩一〇分のこの地に鳴海球場を建設した。完成は一九二七（昭和二）年で、収容人員は二万五〇〇〇人、両翼一〇六メートル、センター一三六メートルと当時の甲子園球場を上回る大きさで、「外野がかすんで見える」と評判になるほどだった。

当初は野球観戦のための入場券はなく、愛電の乗車券を見せれば球場に入ることができた。一九三一（昭和六）年にはルー・ゲーリックが、一九三四（昭和九）年にはベーブ・ルースが加わった全米選抜チームが来日して、この球場で全日本チームと対戦し、観客を熱狂させた。日本でもプロ野球チームが次々に誕生し、名古屋を本拠地とする名古屋軍と金鯱軍も結成された。

日本初のプロ野球チーム同士の試合が、一九三六（昭和一一）年二月九日にここで行なわれた金鯱軍と巨人軍の三連戦である。第一戦で地元の金鯱軍が一〇対三で快勝し、名古屋の人々を大いに沸かせた。

ところが第二次世界大戦が始まると、アメリカ発祥の野球は敵性スポーツとみなされ、鳴海球場は閉鎖を余儀なくされる。それでも名古屋に根付いた野球人気は衰えることはなく、戦後、プロ野球が再開されると、再び多くの観客が球場へ足を運ぶようになる。しかし、一九四八（昭和二三）年に名古屋市内に中日スタジアムが完成すると、プロ野球の試合は主にそちらで行なわれるようになった。鳴海球場では、学校関係の試合が行なわれるだけとなり、一九五八（昭和三三）年、球場は閉鎖されたのである。

しかしその一方で、新たな活路も見出されていた。その前年、道路交通取締法が改正され、旅客運送用自動車の運転には二種免許が、バスの運転には大型免許が必要になった。鉄道のみならずバスやトラック、タクシーなどの事業を展開している名鉄にとって、そう

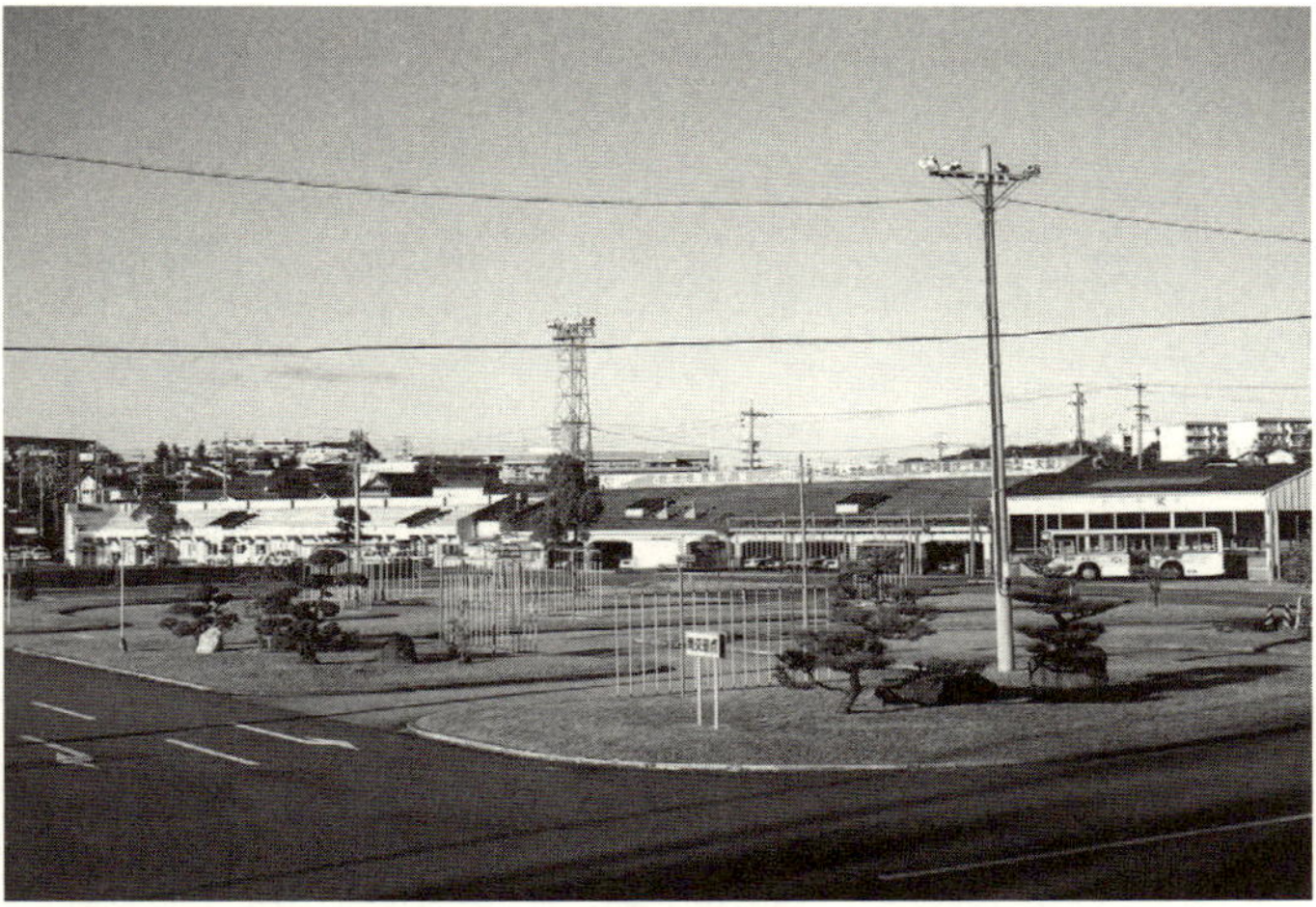

名鉄自動車学校の外観を眺めると、球場を再利用したことがわかる。

した免許を取得している人員の採用は不可欠であるのに、当時の愛知県内にそれらの免許を取得できる施設がなかった。加えてマイカーブームが到来し、一種免許の需要が高まるのは間違いない。

こうして鳴海球場は再整備され、早くも閉鎖の翌年の一九五九（昭和三四）年には名鉄自動車学校として生まれ変わったのである。

高くそびえる一塁・三塁スタンドは車庫として利用され、教習車が走り回るコースの外周は今もスタジアムの形を留めている。スタンドは一般公開されておらず、今は入ることができないものの、ホームベースのあった場所には、記念プレートと説明板が設置されて往時の賑わいを偲ばせている。

犬山線 小牧線 広見線 IY 15

犬山
いぬやま
INUYAMA

刑務所跡から発見された、明治村誕生の〝きっかけ〟とは？

名鉄犬山駅からバスで約二〇分、明治時代の建築物が立ち並ぶ博物館明治村に到着する。約一〇〇万平方メートルの敷地の中に、夏目《なつめ》漱石《そうせき》邸や旧三重県庁舎、帝国ホテル中央玄関など、重文十一件、県指定文化財一件を初めとする六七件（二〇一八年四月現在）が展示され、文明開化の時代へのタイムスリップを楽しむことができる施設だ。

この一大野外博物館は、名鉄によって経営されるが、開設のきっかけが明治時代につくられた刑務所のレンガだったということはあまり知られていない。

赤レンガと明治村とのかかわりは一九六一（昭和三六）年、当時の名鉄副社長で名鉄不動産社長も兼務していた土川元夫のもとに、一件の東京の土地購入依頼が舞い込んだことに始まる。名鉄が二年前に名鉄不動産を立ち上げ、不動産事業を全国展開しようとしていた矢先の出来事だった。

その土地は東京都荒川区南千住にあった元国営の繊維工場「千住製絨所」の跡地で、戦後、民間の繊維会社に払い下げられていた。赤レンガの塀に囲まれた広大な敷地で、名鉄はそのうちの二万坪を坪単価四万円の八億円で購入する。

赤レンガ塀が高値で売れた！

この広大な土地の購入がのちの明治村につながるとは土川も思わなかっただろう。きっかけは土地を囲っていた赤レンガ塀だった。

その塀には明治初期の東京小菅集治監《こすげしゅうちかん》（現・東京拘置所）でつくられた桜の刻印入りの赤レンガが使われていたのだが、このレンガの塀が明治初期の貴重な手作り品で学術的に価値があるとして思わぬ高値で売れたのだ。

これに衝撃を受けた土川が、高校時代の同級生で明治建築保存運動に携わっていた建築家の谷口吉郎に話したところ意気投合。やがて土川の頭のなかに明治の建築を一堂に集めた博物館構想が芽生えたのである。

この構想を現実へと後押ししたのも赤レンガを〝発見〟した東京の土地だった。買収後しばらくして野球場を建設するという映画会社の大映《だいえい》に坪一〇万円で一万坪を売却。さらに一ヶ月後に荒川工業高校建設地として東京都に五〇〇〇坪を売却した。

こうして差額で大きな利益を得たことが明治村建設への弾みとなった。会社では土川の明治村開設構想に対して反対意見が多かったが、南千住の赤レンガが高値で売れたインパクトは大きく、明治建築保存の意義が見直されたようだ。当時千田憲三社長も収益よりも社会への貢献と考え賛同したのである。

　土川はすでに犬山市に確保してある同社の土地一五万坪を活用して在団法人を運営母体とし、全国に点在する明治の建造物や遺産を集める明治の世界をつくるという青写真を描いていた。同年一〇月には早くも明治博物館建設の準備委員会を開催。年末には土川が社長に就任したことから計画が一気に進みだした。

　翌年の七月には博物館明治村に財団法人の認可が下り、明治村村長には徳川夢声《むせい》が就任し、谷口が博物館館長になる。谷口の采配で、全国各地に残る明治の建築物を集め、解体して移築、綿密に再現する作業が行なわれ、一九六五（昭和四〇）年三月、博物館明治村がオープンしたのである。

　開村当初の展示は旧三重県庁、森鷗外《もりおうがい》や夏目漱石といった文豪の邸宅、西郷隆盛の弟で海軍大臣などを歴任した西郷従道《つぐみち》の邸宅、神戸の大井牛肉店など明治の建物一四施設。加えて日本初の蒸気動車といったものもあり、文明開化の世界がよみがえる施設となった。

　一方、明治村開設のきっかけになった東京の土地はというと、東京球場が総合スポーツセンターとなり、かつての赤レンガ塀が工場の旧正門のそばに約一二〇メートル、裏手側、現在の都立荒川工業高校を囲む壁として約一三〇メートルにわたって残されている。

蒲郡の名所・蒲郡クラシックホテルはいったい何が日本初なのか？

蒲郡線　GN22
蒲郡
がまごおり
GAMAGŌRI

蒲郡線の終点である蒲郡駅の南の小高い丘の上には、山上の城郭のような建物がそびえており、気になる人も多いだろう。この蒲郡市のランドマークともいえる建物が蒲郡クラシックホテル。格式高い建造物を生かして積極的に結婚式などを行なうほか、若者の間でもアンティークホテルとして人気を集めている。

ここホテルはもともと一九三四（昭和九）年に「蒲郡ホテル」として開業した歴史あるホテルだが、なんと日本で最初に建てられた「国際観光ホテル」なのである。

国際観光ホテルは、外国人観光客の誘致を目指し、国際観光局が一九三〇（昭和五）年に大蔵省の公的資金を地方自治体に融通することで建てられた外国人向けホテルのこと。一〇年間に蒲郡ホテルのほか、横浜市のホテルニューグランド、安曇村《あずみむら》の上高地ホテルなど一四のホテルが全国に整備されたが、その第一号となったのが、蒲郡ホテルだった。

当初国際観光局は横浜、雲仙、大津、蒲郡の四つを最初のホテル建設の候補地として挙げていた。このなかで蒲郡が最初に選ばれた理由のひとつは、蒲郡町が観光事業に注力していたことが挙げられる。同町では一九三一（昭和六）年に観光課が設置され、竹島橋の建設、国際観光ホテルの建設という二大事業計画を打ち出していた。

こうした市の積極的な姿勢に加え、ホテル建設を可能にしたのは、名古屋の織物商・滝信四郎（タキヒョー五代目）の存在が大きい。彼が経営する蒲郡の旅館「常盤館」は、文豪御用達の旅館として知られ、無料で宿泊させる代わりに作品にもたびたび蒲郡を登場させてもらっていた。たとえば菊池寛《きくちかん》の『火華《ひばな》』には、「蒲郡の海！　それは、瀬戸内海のやうに静かだ」とあり、そのほか川端康成《かわばたやすなり》や志賀直哉《しがなおや》といった作家たちが作品で取り上げたことから、蒲郡は全国的に名の知られた名所となっていた。

何よりホテルの建設資金を用意したのがこの滝だったのである。国際観光ホテルの制度では地方公共団体が建設して民間に貸し出す形になっていたが、蒲郡市にその資金はなかった。そこで滝が「常盤館」を担保に入れて一〇万円を工面して寄付し、公的資金三〇万と合わせてホテルの建設資金を賄ったのである。

帝冠様式の外観

三河湾を見下ろす位置に建てられたホテルは、建坪七二〇坪で、鉄筋コンクリート四階建て。外国人受けを狙い、耐火構造の壁の上に千鳥破風《ちどりはふ》、唐破風《からはふ》、塔屋といった日本風の

日本初の国際観光ホテルとして建てられた蒲郡ホテル。外国人向けに和風の外観をしながら、内装は洋風となっていた。

城郭を思わせる意匠を施した帝冠《ていかん》様式というインパクトのある外観をしていたが、内部は洋風で全室バス付。ダンスホールも備えたモダンなホテルだった。

その後、日本が戦争の時代に突入したこともあり、ホテルは第二次世界大戦中に陸軍病院となり、戦後、アメリカ軍に接取された。

占領期が終わって昭和二七（一九五二）年にホテルとしての営業が再開されたが、やがてタキヒョーが撤退。その後、蒲郡市へ移管されたのち、西武グループが「蒲郡プリンスホテル」として復活させ、二〇一二（平成二四）年から浜松市の呉竹荘《くれたけそう》グループが「蒲郡クラシックホテル」として経営を引き継いでいる。

瀬戸線 ST 05

森下
もりした
MORISHITA

名古屋の結婚式が派手な理由はここにあった！

かつて「娘三人を嫁に出すと破産する」とまでいわれたのが尾張名物の豪華な結婚式。ド派手な結婚式に加え、婚礼道具の豪華さも良く知られるところだ。

結婚は家同士がするという意識が強かった時代、道具の豪華さが両家の力関係や嫁ぎ先での花嫁の立場を決定づけたともいわれ、親がどれだけ立派な道具を用意できるかがステイタスのひとつにもなっていた。そのため婚礼道具はまず花嫁宅に運び込まれて近所や身内の人にお披露目をして、褒めてもらうのを習わしとしていた。そして婚礼道具を新居に搬入するときには、道具をいっぱい乗せて「寿」の垂れ幕をつけた花嫁トラックが、何台も連なるのが名古屋の結婚式の風景でもあった。

もちろん尾張の人が日ごろから派手な生活をしていたわけではない。日常は勤勉でいたって質素な生活を送っているのだが、冠婚葬祭、とくにおめでたい結婚式には、今まで積み上げてきた貯金をすべて使い果たすかのように惜しげもなくつぎ込んだのである。

尾張名古屋の結婚がなぜこれほどまでに派手になったのか。そのきっかけとなったのは、

森下駅の近くにある徳川美術館には、徳川家康の遺品のほか、尾張徳川家で使われた道具類、ほかの大名家からの購入品などが所蔵されている。

尾張の殿様の婚礼である。

将軍息女の嫁入り道具

一六三九（寛永一六）年、わずか三歳で尾張藩の二代藩主・徳川光友《みつとも》に嫁いできた三代将軍・家光の長女千代姫《ちよひめ》は、大変豪華な婚礼道具を持参した。

この婚礼道具は徳川家が幕府の威信をかけて贅《ぜい》の限りを尽くしてつくらせたもので、七五種の調度品から構成される。

七五種のうち四七種の意匠が『源氏物語』二三帖「初音《はつね》」の情景と歌から取られていることから、「初音の調度《ちょうど》」とも呼ばれる。

とくに当時の最高の工芸家たちが高級素材をつくって仕上げた蒔絵《まきえ》の調度の数々は、

徳川美術館に所蔵されている国宝・初音の調度。「日本一の嫁入り道具」といわれている。（徳川美術館所蔵　©徳川美術館イメージアーカイブ/DNPartcom）

目を奪われるほどの絢爛さである。厨子《ずし》棚、火取香炉《ひとりこうろ》、薫物《たきもの》箱、硯箱、黒棚、小櫛《こぐし》箱、鉄漿《かね》箱、書棚、鏡台、貝桶、耳盥など四七種の蒔絵調度は、現存する日本一の婚礼調度といわれ、調度品すべてが一九九六（平成八）年に国宝指定を受けた。

この調度品を所蔵するのが、名鉄瀬戸線森下駅から徒歩一〇分のところにある「徳川美術館」である。

明治維新後、この徳川美術館の開設とともに調度品が一般公開されると、瞬く間に名古屋の人々を魅了した。人々はこの豪華な調度品に憧れ、自分の娘にも豪華な嫁入り道具を持たせてやりたいと願うようになり、派手な結婚式へとつながっていったのだという。

半田赤レンガ建物に隠された一〇〇年以上前の省エネ技術とは？

河和線 KC 11
住吉町
すみよしちょう
SUMIYOSHICHŌ

熱田神宮最寄りの神宮前駅から常滑線《とこなめせん》で南下し、太田川駅で河和線《こうわせん》に分岐する。そのまま知多《ちた》半島を斜めに横断すれば半田口《はんだぐち》駅より半田市へ入る。ＪＲ武豊線の半田駅と名鉄河和線の知多半田駅を中心に広がる町は、江戸時代にかけて醸造業や海運業で栄えた。現在もミツカン本社や酒造工場のほか、潮風から守るためコールタールで塗られたミツカンの黒い蔵などが運河沿いに立ち並び、伝統的な町並みを形成している。

この半田市のなかにある住吉町《すみよしちょう》駅で降り、駅前に通る国道二四七号を東へいくとすぐに赤いレンガ造りの洋風建築に出会う。この建物は一八八七（明治二〇）年、中埜酢店の四代目・中埜又左衛門と、のちの敷島製パンの創業者である盛田善平によって一八九八（明治三一）年に建てられたビール工場だ。東京のエビス、大阪のアサヒ、横浜のキリンに対抗して、ここで製造されたのは、カブトビールという名柄。一九〇〇年のパリ万博では金賞を受賞するほどの品質を誇り、東海圏ではナンバーワンシェアを誇っていた。

そうした歴史を持つビール工場は現在、「半田赤レンガ建物（旧カブトビール工場）ハーフティンバー棟」として半田市の登録有形文化財となっている。

赤レンガ建物は、明治建築界の三大巨匠のひとりといわれる、妻木頼黄《つまきよりなか》によって設計されたものだ。木枠に壁をはめ込むハーフティンバーと呼ばれる様式の建物で、レンガ建築の建物のなかでは日本で四番目に多い、約二四〇万個のレンガが使われているのだが、じつはこの建物には、現代人の我々でも想像もつかない驚きの仕掛けが施されている。

中空層による断熱で内部を冷却

ビールを製造するには摂氏五度から一五度の環境下で発酵後、〇度から三度の低温のなかで三カ月ほど貯蔵し、熟成させる必要がある。しかし当時は電気が普及しておらず、冷蔵庫も存在しない。

そこで、設計者の妻木は建物自体に冷却装置を施した。天井や壁の中を中空状態にして、空気の層をつくりだすことで断熱効果を生み出しているのである。外部に面した壁には二〜五重の中空層があるほか、天井に至っては二重〜三重の中空層が設けられ、アーチ耐火床となっている。また、それ以外の部分にも断熱用の大鋸屑《おがくず》の層がある。

ほかにも、建物の西側が半地下となっていたり、レンガの壁に厚さ四センチメートルのコルクが張り付けてあったりといった工夫がなされ、内部を冷やす工夫が凝らされている。

半田赤レンガ建物の外観。壁面を中空状態にしたことにより断熱性が高まり、真夏でもビールを冷えた状態で貯蔵することができた。

これらの中空層により、真夏でも貯蔵に適したゼロ度に近い室温に保たれていたのだ。

いまも冷却効果は健在

すばらしい工夫が凝らされたビール工場だったが、戦時中には企業整備令の適用を受けて閉鎖され、中島飛行機の衣糧倉庫となった。戦後は日本食品化工の工場となり、建物の改造によって、当初の断熱機能が低くなった。

それでも一九九七（平成九）年の調査によると、外気温が三四度だったとき、一階の貯蔵庫では二一度と、かなりひんやりしていたという。ビール生産が行なわれていた当時はさらに内部温度は低かったと推定されている。

世界に誇るサルの動物園は酒を飲みながらの雑談から生まれた!?

犬山線 小牧線
広見線
IY
15

犬山
いぬやま
INUYAMA

犬山線に乗って、犬山駅から犬山遊園駅へ向かうと、右手の丘陵に遊園地などが広がっている景色が見える。日本モンキーパークと日本モンキーセンターだ。同じような名前だが別々の施設で、前者は遊園地で後者は動物園である。ことにモンキーセンターにおいては飼われている霊長類がゴリラやロリスなど約六〇種九〇〇頭（二〇一八年現在）にのぼり、展示数世界一を誇る。さらに同地には京都大学の霊長類研究所も置かれ、まさにイヌ山ならぬサル山の様相を呈している。

「犬猿の仲」ということわざがあるが、そもそもなぜわざわざ犬山の地にサルの動物園やサルの研究所を設けたのか。じつはここにも名鉄の観光戦略が隠されていた。

名鉄がサルに注目したのは一九五五（昭和三〇）年からである。当時、名鉄の専務だった土川元夫がこんなことを言い出した。

「来年はサル年。犬山にサルを戻したい」

じつは戦前の犬山には、野生のサルが多く生息していた。彼らは頻繁に現われては、木曽川下りの客を楽しませ、一九三四（昭和九）年には天然記念物にも指定された。しかし、戦時中に行なわれたマンガンの採掘によってサルたちは犬山から姿を消してしまった。そこで土川氏はサルを犬山へ呼び戻し、観光資源として活用したいと考えたのである。

正月明けの雑談で盛り上がり事業化

サルについて土川氏が提案したのは、その年の正月だった。このとき名鉄の事業部には、豊川稲荷で初詣をしてきた職員たちがいて酒を飲んでいたという。土川氏は彼ら職員の持っている茶碗にウイスキーを注ぎながら雑談しているうち、サルを観光資源として活かす計画について話し始めた。

『鉄路風雪の百年』の著者・中村隆義氏によると、このとき事業部の職員が「桃太郎神社にサル山か。うん、これはいい。商売になる」と賛同したらしい。桃太郎神社とは、木曽川畔にある桃太郎を祭神とした神社。ほとんどダジャレの発想である。

こうした思い付きもあり、この雑談のなかで、事業部の職員が事前調査で京大の霊長類研究者のところに事前調査へ行くことが決定する。そしてその年のうちに、今西錦司ら京大の学者グループの協力を取り付け、翌年に日本モンキーセンターが生まれた。世界一のサルの観光地が、宴会での雑談から生まれたとは、意外な話である。

笠松競馬場の中に畑やお墓がある やむにやまれぬ事情とは？

名古屋本線
竹鼻線
NH
56
笠松
かさまつ
KASAMATSU

名鉄名古屋駅から岐阜方面へ行き、途中で木曽川を渡ると、竹鼻線のターミナルである笠松駅へ到着する。

この笠松駅でもっとも有名なのが笠松競馬場だ。一周あたり一一〇〇メートルのコースをもつ岐阜県唯一の競馬場で、かつて芦毛の怪物と呼ばれた名馬・オグリキャップを輩出したことで知られている。

この笠松競馬場へ初めて訪れた人は、誰もが驚くことがある。スタンドから見渡せば一目瞭然だが、コースの内側にほかの競馬場には存在しないものがあるのだ。

そこにはなんと畑や田圃、鉄塔など、普通の郊外の景色が広がっているのである。しかもその田畑は現在も使われており、周囲のコースでは馬が必死に走ってレースを行なっているなか、人が畑仕事をしているのだ。しかも第三コーナーの内側には墓地まである。

内馬場と呼ばれるこの場所は、ほかの競馬場では広場や駐車場、子どもの遊び場などに活用されている。畑仕事をしている人がいる場所など笠松だけ。そもそも内馬場は競馬場

笠松競馬場のコース内部は、地主によって使用され、畑や鉄塔、墓地があって競馬場関係者も自由に立ち入りできない。

の内部にある施設だが、そこになぜ本来外にあるはずの景色が広がっているのか。

笠松競馬場がつくられたのは、一九三四（昭和五）年。中津川市にあった中津競馬場が移転したことによる。

岐阜県中央競馬組合に尋ねたところ、じつはこのとき、競馬場の建設地の地主と土地売買の交渉で折り合いがつかず、用地取得が中途半端になってしまったのだという。結果、一部しか購入できず、敷地のほとんどを借りて使う形になってしまった。二九万八〇〇〇平方メートルの敷地面積のうち、競馬場側の所有地はわずかに五七〇〇平方メートルに留まっている。

内馬場とはいえ競馬場の土地ではないため、使えないというわけだ。

第六章
名鉄をとりまく地名・駅名の由来

白壁という地名なのに、黒い壁の屋敷が並んでいる理由

瀬戸線
ST 02
東大手
ひがしおおて
HIGASHI ŌTE

瀬戸線《せとせん》のターミナルである栄町《さかえまち》駅から乗車すると、地下区間で北側の東大手駅まで進む。名古屋城の東側にあり、名古屋市東区にある「白壁《しらかべ》」という地区の最寄り駅だ。

白壁地区は、東大手駅から東側一帯へ広がり、尼ヶ坂《あまがさか》駅の南側まで続いている。トヨタグループの創業者である豊田一族やソニー創業者の盛田昭夫など、大物実業家が邸宅を構えたことで知られ、現在でも弁護士や医者など高収入の家庭が多い名古屋屈指の高級住宅街である。

白壁地区に住むマダムのことをシロガネーゼならぬ〝シラカベーゼ〟と呼ぶ。

そうした白壁を散策するとあることに気が付く。白壁という名前から、財を惜しげもなく費やした白亜の建物が並ぶ町並みを想像するが、実際は黒い壁の古い屋敷が多いのだ。これでは名古屋市東区「黒壁」という地名のほうが似合うだろう。では白壁に黒壁の屋敷が多いのはなぜなのか。

もともと白壁地区は、尾張藩士が暮らす武家屋敷地として割り当てられた場所だった。

左側の壁が1918（大正7）年に建てられた旧豊田家(トヨタグループの創業者一族)の邸宅の塀。白壁という地名とは裏腹に黒色漆喰壁が並び、重厚な景観を形成している。

名古屋の城下町が開けた頃、豊田太郎左衛門という藩士が、屋敷の囲いに〝白壁の高塀〟をつくった。

これが当時として非常に珍しかったため、地名になったのである。

しかし豊田家以外に白い壁を選ぶ家は現われなかった。一般的な武家屋敷は、瓦や銅版葺きの屋根を有する土塀、板塀が主流で、それらは白ではなく、黒っぽい。豊田家以外は黒壁のまま、白壁町という町名になっていたのだ。やがて明治を迎えると、実業家が宅地として購入して高級住宅街となる。

そして戦時中の空襲を免れたため、古い町並みが現代に受け継がれることになったのである。

HM
05
広見線
日本ライン今渡
にほんらいんいまわたり
NIHONRAIN-IMAWATARI

「線」でもなければ、「アプリ」でもない！「日本ライン」はドイツの言葉！

広見線《ひろみせん》は、犬山駅から御嵩《みたけ》駅にかけて東西に結ぶ路線である。犬山～新可児《かに》間は木曽川の南岸を走り、新可児～御嵩間は可児川沿いに走る。

この途中、新可児駅と可児川駅の間に日本ライン今渡駅がある。「ライン」とは英語で線や列などを意味する言葉。路線名を英語で表わすときにつけられるのが普通だが、駅名とは珍しい。さらに「日本」が冠されているとは、日本を代表する重要な場所かと想像してしまう。

この「日本ライン」という言葉、じつはドイツに由来する。「ライン」が意味するのは、「線」ではなく中部ヨーロッパを流れるライン川のこと。アルプス山脈を源流とし、スイスやオーストリア、フランス、ドイツを流れ、オランダから北海へ注ぐ全長一三二〇キロメートルの大河川だ。

なぜそのライン川の名が日本にあるのだろうか。

風景だけでなく城跡も類似

日本ラインとは、木曽川をライン川に見立てた名称である。地理学者の志賀重昂《しがしげたか》による命名とされ、今渡から犬山までの約一三キロメートルの渓谷を指す。一九一三（大正二）年にこの地を訪れ、犬山から舟で太田宿に入り、木曽川河畔にある望川楼という旅館に宿泊した志賀は、このときの感想を手紙で「木曽川川岸、犬山は全くのライン（來因河）の風景其儘《そのまま》なりと」と記している。

さらに一九一七年（大正六）年、再びこの地を訪れた志賀は、犬山町長の原田鉄蔵と木曽川を散策した際、「今日この前に見える景色は、ドイツのライン川に旅行した時を思ひ出させる。古城の麓に清流あり、向うに山々があり（略）白壁の古城が浮かび上がる姿こそドイツのライン川の一画にある思ひ出の夕照の景観である」と、奇岩が両側にそびえる木曽川の自然景観だけでなく、城跡がそびえる風景も似ていることを指摘し、感動を新たにしたと伝わる。

ドイツ西部を南北に流れるライン川の沿岸には、奇岩ローレライのほか、マウス城やカッツ城、シュターレック城など、二〇以上もの古城がある。木曽川にも犬山城に加え、土田城址、猿啄《さるばみ》城址、宇留間《うるま》城址、伊木山《いぎやま》城址、三井山《みいやま》城址がある。なかでも志賀がとりわけ言及している「白壁の古城」とは、河畔に天守がそびえている犬山城のことである。中国・重慶《じゅうけい》市外れの長江に臨み、『三国志』の英雄・劉備《りゅうび》終焉の名城、白帝城《はくていじょう》にちなんだ〝白帝城〟という別名を持ち、白壁の美しさは当時から有名であった。

このとき散策に同行していた原田が「今後は日本ラインと呼んだらどうでしょうか」と提案し、日本ラインという言葉が誕生したのである。

木曽川沿いに犬山城がそびえるようすがドイツのライン川と対比され、木曽川が日本ラインと呼ばれるようになった。

やがて木曽川を遊覧船で下る〝日本ライン下り〟がレジャーとして知名度を獲得し、多くの観光客で賑わった。一九九〇（平成二）年に日独両国で川下りをしている民間企業が友好提携したのを機に一九九四（平成六）年、犬山市とドイツのラインラント・ブファルツ州にあるザンクト・ゴアルスハウゼン市が友好都市になった。

現在では、〝ライン下り〟という名前だけがひとり歩きして、天竜ライン下り、鬼怒川ライン下りや長瀞《ながとろ》ライン下りなど、木曽川（二〇一三年より休止中）だけでなくほかの河川でも〝ライン下り〟が行なわれているが、その草分けは、木曽川の「日本ライン」なのである。

三河八橋駅の駅名は、京都を意識しすぎて決まった！

三河線

MY 02

三河八橋

みかわやつはし

MIKAWA YATSUHASHI

知立駅を豊田市方面へ出発した三河線の列車は、隣の三河知立駅を過ぎると、豊田市八橋町で逢妻男川《あいづまおがわ》を渡って豊田市花園《はなぞの》町へ入り、三河八橋駅へ到着する。

旧国名である「三河」を冠する駅が二つ並ぶ形となっているが、路線図を見ると少し違和感を覚えるだろう。三河知立駅は、隣に知立駅ができたために「三河」が冠されており、利用者も両駅の違いを容易に理解できる。だが三河八橋駅もそうした理由で「三河」がついているのかと思いきや、周囲に「八橋」駅は見当たらない。

では、なぜ「三河」が冠されているのか。そこには駅開設時のドラマが隠されている。

三河線の前身である三河鉄道の線路が、この地に開通したのは、一九二〇（大正九）年のことである。駅は当初、知立町大字八橋字（現・八橋町）の五輪地区に設置される予定だった。逢妻男川の南岸、現在の駅より約五〇〇メートル西側の場所で、八橋町の真ん中である。しかし高岡町大字花園（現・花園町）の住民が、八橋の真ん中ではなく八橋と花園の間に設置してほしいと、駅設置場所に対して異論を唱えたのである。

これを受けて三河鉄道は、中間に駅を設けたほうが乗客も多くなると見込んで設置場所を変更。境界地で最適な場所はないかと探したものの、出水の問題があり、現在地である花園に設置することになった。

由緒正しい花園と八橋

ここで駅名は「花園」駅が候補に挙がる。花園という地名の由来には、丘陵の南端にあり〝鼻岡〟と呼ばれていたのが花園に転訛《てんか》した、養寿寺《ようじゅじ》の山号花園山に拠る、など諸説があるものの、一六三三（寛永一〇）年から記録に表われる古くからの地名だ。

駅名にするには良い名前だが、調べてみると国鉄（現・ＪＲ）山陰線に同名の駅が存在することが判明した。京都市右京区にある花園駅である。再び候補を考え直したとき、八橋の住民から、「八橋」駅はどうか、という別案が出された。

八橋の名は、かつて逢妻男川がいくつも分流しており、それらを渡るために八つの橋が架けられていたことが由来。九世紀、二人の子どもを川で失った母親が、「川に橋さえあれば溺れることもなかった」として、八本の流れに八つの橋を架けたという伝説が残る、歴史ある地名だ。

そして何より、平安時代の歌人・在原業平《ありわらのなりひら》が、この地に群生していたかきつばたの花に

三河八橋にある無量寺の境内。在原業平がこの地のかきつばたを見て短歌を詠んだという『伊勢物語』の故事にちなみ業平像が置かれている。

感銘を受けて歌を詠んで以来、全国的に知られる由緒正しい地名である。

このときに歌を詠んだ場所が、逢妻男川の沖積低地で、八橋町の五輪地区と薬師地区の一部と推定され、「八橋伝説地」として愛知県の名勝に指定されている。

歴史が深く、さらに知名度もあって、これほど駅名にふさわしい名前はないだろう。

しかし八橋に決まりかけたところで、今度は花園側から異論が出された。単に八橋にすると、京都土産で有名な八ツ橋（八橋、八つ橋とも表記）のようだというのである。そこで駅名には、「三河」が冠された。

花園案も八橋案も、どちらも京都に憚って実現しなかった結果、三河八橋駅となったのである。

日本現存最古の天守が見下ろす犬山の地名由来は諸説あり！

犬山線 小牧線
広見線
IY 15

犬山
いぬやま
INUYAMA

姫路城、松江城、彦根城、松本城と並ぶ犬山城の国宝天守が見下ろす町・犬山。

この「犬山」という名を聞くと、その由来はやはり「犬」にまつわるものだろうと推測できる。たしかにこの地が犬を用いて狩りをするところだったため、そこから犬山となったという説がある。

しかしながら、この説はあまり支持されていない。狩猟犬の名をわざわざ地名にすること自体、ほかに見られないのだ。加えて尾藤卓男氏によると、「犬」には概して「伊努」が当てられるという。

犬に関係しないとなると、どのような由来があるのか、実は様々な説が挙げられている。

たとえば、犬と直接関わりはないが、「いぬ」という音に「犬」という漢字を当てたというものがある。平安時代の史料『和名抄《わみょうしょう》』に「丹羽郡小野郷」という記述がみられるが、この「小野」という地名がこの辺りを示すもので、しかも山が多かったことから「小野山」と呼ばれていた。

この「小野山《おのやま》」がいつしか「おぬやま」となり、やがて「いぬやま」と呼ばれ、その音に合わせて「犬山」と書かれるようになったという。ただし、残念ながらそうした過程を記した史料は見つかっていない。

また、音の変化で「いぬやま」と呼ぶようになったという説の違うバージョンとして、昔、この辺りの地形が「鵜沼《うぬま》」と呼ばれており、この「うぬま」が「いぬやま」に変化したというものもある。そのほか、藺草《いぐさ》の産地であり、かつ沼沢地だったことから「藺沼《いぬま》」が「いぬやま」になったともいう。

あるいは、犬山市宮山にある尾張国二宮・大縣神社《おおあがたじんじゃ》との関係に注目した説もある。犬山城の麓には針綱神社《はりつなじんじゃ》があり、祭神の一柱に玉姫命《たまひめのみこと》がいる。

一方、大縣神社の祭神は大荒田命《おおあらたのみこと》といい、玉姫命の父神とされる。この針綱神社が大縣神社から見て乾《いぬい》(戌亥)の方角にあることにちなみ、針綱神社周辺の地を「戌亥《いぬい》」と呼び、それが「いぬやま」となったという。

乾の方角とは北西のことだが、実際、犬山は大縣神社から見て北西(正確には北北西)の位置に鎮座している。

もっとも、どれも説の域を出ず、定説になっているものはなく、謎に包まれた地名といえるだろう。

正式名称自体が間違いだった「がまごおり」の読み方

蒲郡線 GN 22
蒲郡
がまごおり
GAMAGŌRI

本来の読み方ではない名称が、間違われたまま定着し、いつしかそちらのほうが正式名称となってしまったという面白いルーツを持つのが蒲郡である。

同地は一九一二（明治四五）年に滝信四郎が開業した料亭旅館「常盤館」が竹島の絶景を味わえる旅館として有名で、景勝地としても知られていた。そのため、昭和初期の蒲郡町では、観光ＰＲのために、観光協会の前身である「保勝会《ほしょうかい》」を組織すると、観光ポスターまで制作して宣伝活動を展開した。

この頃の観光ポスターの蒲郡の表記を見ると、「ＫＡＭＡＧＯＲＩ」となっている。これは、本当は「ＫＡＭＡＫＯＲＩ」としたかったところ、すでに「がまごおり」の読みが広まっていたため、せめて最初の音だけでも濁らない形にしたいと、こうした表記になったものという。つまり、本来の読みは「かまこおり」だったのである。

なぜなら、蒲郡の地名は、一八八六（明治一九）年、「蒲形《かまがた》」と「西郡《にしのこおり》」が合併した際、新しい名を蒲形の「蒲《かま》」と、西郡の「郡《こおり》」のそれぞれ一字取ってつけたものだからだ。そのままの音にしたがえば、「かまこおり」となる。
　では、いつから「がまごおり」となったのか。それは一八八八（明治二一）年、国鉄蒲郡駅ができたときである。切符に駅名を印字するにあたり、ローマ字表記の「K」と「G」を間違えてしまった。そのため「KAMAKORI」とするところが「GAMAGORI」となり、駅長もそのまま「がまごおり」とアナウンス。いつしか「がまごおり」が広く知られるようになってしまったのだ。

蒲郡の由来となった村のひとつ、蒲形の祖・藤原俊成の像（1991年建立。竹島園地）。『吾妻鏡』には、藤原俊成が竹谷・蒲形荘を開発して熊野山へ寄進したとある。

　その後「K」と「G」どちらが正しいかを巡って論争が起こったそうだが、結局国鉄の影響力は覆せず、「がまごおり」で落ち着いたという。

まえ？うしろ？不思議な駅名に隠された驚きの真実

名古屋本線 NH 23

前後
ぜんご
ZENGO

急行停車駅として、多くの乗降客で賑わう前後駅。「前後」と書いて「ぜんご」と読むが、そもそも前後とは、前と後ろという意味。上りと下りの電車が行き交うから、前と後ろへそれぞれ向かうともいえるが、こんな理屈が通るなら、すべての駅が〝前後〟駅となってしまう。

いったい、どうしてこのような駅名がついたのだろうか。

まず地形由来の説がある。

前後駅前の道は旧東海道にあたり、昔、人々がこの道を行き来していた頃、この辺りには、前にも後ろにも坂があったため、歩くのが大変だった。その印象が強く残り、いつしかこの辺りは「前後」と呼ばれるようになったという。

確かに、前後駅自体も上り側が高台になっていながら、下り側は低地になっており起伏に富んだ地形であったことをうかがわせる。徒歩での旅が一般的だった当時にあって、前後一帯は疲れが蓄積される難所だったのかもしれない。

また、音が訛《なま》ったという説もある。この辺りは始め「助郷《ぜごう》」と呼ばれていたが、いつしか「ぜ」の音が訛って「ぜん」となり、「ぜんごう（前郷）」となった。さらに、「ごう」の音も「ご」に変化したため、「ぜんご」の音に合わせて「前後」の漢字が当てられたというものだ。

一方で、血なまぐさい合戦由来の説もある。この辺りは桶狭間の合戦の古戦場のすぐ近くにあたる。一五六〇（永禄三）年、二万五〇〇〇人の兵を率いて尾張国に侵攻した駿河の戦国大名・今川義元を、尾張の織田信長がわずかの兵で迎え撃ち、見事討ち取った戦いである。

前後付近でも戦闘が行なわれ、撤退中を襲われたのか、今川軍の兵士の首が数多く転がっていた。

このときの「前にも後ろにも（今川軍の）首ばかり」といった状況から、「前後」という地名がついたという。

そうした説を裏付けるかのように、前後駅の近くには「千人塚」と呼ばれる供養搭が伝わる。

故郷に帰れずに戦場に打ち捨てられたままの戦死者を哀れに思い、ある僧が彼らの遺体を集めて手厚く供養したものという。

名古屋本線 NH 05

御油
ごゆ
GOYU

ごゆ、こゆ、ごい、こい……読み方で由来が変わる不思議な地名

「御油」と書いて「ごゆ」と読む。どんな由来かと考えるとき、目につくのは「油」という文字である。

実際、よく知られている二つの説は、どちらも油に関したものである。

ひとつは、七世紀の女帝・持統《じとう》天皇にまつわるもので、持統天皇が実子の草壁《くさかべ》親王の行坊所に油を献じたことにちなむという説である。なぜ、油を献じたのか、その理由は伝わっていないが、親王を亡くした六八九年以降のことだとされている。

もうひとつは、この一帯から油を宮中へ献上していたため、地名に「油」がついたという説である。

興味深いのは、献じた油は、食用や灯りに用いる菜種油ではなく、髪を艶やかにする椿油だったという指摘だ。この説は、尾藤卓男氏が著書『各駅地名解』において言及したもの。江戸時代以前、菜種油が生産されていたのは海部《あま》郡に限られるので、御油で採れていたのは椿油に違いないという。

また、「油」とはまったく関係なく、「ゆ」の音に「油」という文字を当てはめただけだという観点から、さまざまな説が出ている。

たとえば、本来の読み方は「ごゆ」ではなく、「こゆ」というものだったという説である。「こゆ」とは、「越える」に由来し、峠を示す名称。段丘上から扇状地へ移行する同地の地形から見て、峠の名がついても不思議はない。

さらに「ごい」と読むと、「五井」もしくは「五位」に由来するという説になる。「五井」なら、旧宝飯《ほいぐん》郡五井村（蒲郡市五井町）、旧宝飯《ほいぐん》郡下五井村（豊橋市下五井町）ゆかりということになる。『三河国宝飯郡誌』によれば、この辺りにあった五井村が三つの村に分かれたという記事がある。

あるいは「五位」なら、律令制の五位の身分にある高級官僚が所有する田地にちなむという。

「こい」と読むと、本来は「恋」という字だったのではないかという。とはいえ、「ラブ」の恋ではなく、各国を統治する政庁の国府のことを「こい」と呼ぶこともあり、その場合、「国府」という文字ではなく「恋」の字を当てることがあったという。となると、役所由来の地名ということになる。

このように、御油は由来を探れば探るほど、迷路に迷い込んでしまう地名なのである。

三河線
MY
04

竹村
たけむら
TAKEMURA

鈴木姓であふれる地域の名は、武士にちなんでいる！

三河線の竹村駅は、豊田市南西部に位置する小さな駅である。

駅名となった竹村の名称は、自治体としての名称ではなく、本町、竹上、竹中、竹下、西田の総称として用いられるものだ。

その竹村駅を降りて、周辺を散策してみると、「鈴木」という姓が多いことに気が付く。

確かに鈴木という苗字は日本でもっとも多い苗字であり、それほど珍しいわけではないが、それにしても、このようにかたまっていると、何か訳があるのか？　と気になってしまう。

そこで竹村の歴史をひもといてみると、鈴木重行という武士が開拓した土地であることがわかる。「竹村」という地名も、もとは武士の村という意味で「武郷《たけごう》」と呼ばれ、いつしか「武」の字が同じ音の「竹」に変わり、「郷」が「村」となったと伝わる。

この鈴木重行は、紀州（和歌山県）の鈴木氏の頭領であるとともに、平安末期の名将・源義経に仕えた人物である。

義経が兄の頼朝に追討令を出されて、奥州藤原氏のもとへと逃れるとき、重行も同行する予定だったが、持病の脚気《かっけ》が悪化して、どうしても随行できなかった。そこで、矢並（豊田市北東部）で治療に専念し、回復したら義経を追って奥州へ行くことにした。

自分が役に立たない代わりに、甥にあたる鈴木兄弟（鈴木三郎重家《しげいえ》・亀井六郎重清《かめいろくろうしげきよ》）を遣わし、同族の者たちに一斉に奥州へ集まるようにと号令をかけたのである。

ところが、一一八九（文治五）年、義経は藤原泰衡《ふじわらのやすひら》の裏切りに遭い、平泉《ひらいずみ》の衣川館《ころもがわのたて》で自刃。このとき、同行していた鈴木兄弟も衣川の合戦で戦死してしまう。兄弟の悲報を聞いた鈴木氏一族は、義経救援を断念して今度は故郷の紀州を目指した。

一方重行は、鈴木兄弟を供養するために出家して善阿弥《ぜんあみ》と称し、三河の竹村へ移り住み、真言光恩寺《しんごんこうおんじ》を建てた。これを聞いた鈴木一族の人々のなかにも、紀州への帰途、頭領を頼ってここに身を寄せる者が多かったらしく、竹村には多くの鈴木氏が住むことになったのである。また、竹村には光恩寺以外にも龍興寺《りゅうこうじ》という寺もあるが、どちらの山号も「鈴木山」という。

こうしたことからも、竹村に暮らす鈴木姓の人々が、地域の由来と密接な関係にあるのは間違いなさそうだ。

官庁街も堀もない普通の住宅街に「丸ノ内」駅がある謎

名古屋本線 NH 43

丸ノ内
まるのうち
MARUNOUCHI

名鉄名古屋駅から名古屋本線で北側へ進むと、須ケ口《すかぐち》駅で津島線《つしません》と名古屋本線に分かれる。そこで名古屋本線でひとつ先に行けば、丸ノ内駅へ到着する。

名古屋で丸ノ内といえば、市営地下鉄桜通《さくらどおり》線と鶴舞線が乗り入れる、名古屋市中区の丸の内駅が有名だ。実際、名古屋の丸の内駅へ行こうとしていた人が、間違えて名古屋の北郊、清須《きよす》市にある名鉄の丸ノ内駅で降りてしまうことはよく耳にする話である。

丸ノ内、あるいは丸の内という地名は、全国至るところにある。東京都ではＪＲや地下鉄が多数乗り入れる東京駅から皇居外苑にかけての住所であり、一帯は大企業や大手銀行のビルが立ち並び、日本の金融や経済の中心地である。また、東京メトロ丸ノ内線という路線名にもなっている。ほかにも前述の名古屋の丸の内駅周辺に広がる丸の内や、ＪＲ甲《こう》府《ふ》駅周辺の丸の内、松本市役所のある丸の内など、枚挙にいとまがない。どれもその地域の中心であり、ビルが立ち並ぶビジネス街であることが景観的特徴といえよう。

丸ノ内とは、城の堀で囲まれた内側の場所につけられた地名である。東京や名古屋など、前述のさまざまな都市にある丸の内地区も、かつて城郭の内側にあった区画である。江戸期の城は、藩庁の置かれる地域支配の中心であり、明治期以降に城が使われなくなっても、そのまま官公庁に転用されるケースが多かったため城郭の内側は官公庁や企業が集まるエリアになっているのだ。

かつての清須城南端に位置する丸ノ内駅

清須城址は東海道線と新幹線によって中央を分断され、現在模擬天守が建つ場所も本来の本丸跡ではない。

しかし冒頭の名鉄の丸ノ内駅を降りると、疑問を感じざるを得ない。丸ノ内といいながら周辺は普通の住宅地である。東京や名古屋の丸の内のような官公庁街でもビジネス街でもなく、閑静な雰囲気を漂わせている。しかも堀など、城跡のような遺構も見当たらない。いったいなぜこのような場所に丸ノ内という名前がつけられているのか。

じつはこの丸ノ内駅周辺は、清須城の城郭の内側だった場所である。清須城とは、応永年間（一三九四～一四二七）に尾張守護職だった斯波義重《しばよししげ》によって建てられ、その後尾張国支配の拠点として、守護代の織田氏によって代々受け継がれた城だ。一五八六（天正一四）年には織田信長の次男である信雄《のぶかつ》が改修し、大城郭が築かれている。

五条川の流れを取り込んだ城郭は、本丸の堀、内堀、外堀と三重の堀に守られていた。外堀の内側に城下町を取り込み、総構えは南北二・七キロメートル、東西一・五キロメートルに及んだ。南側へ延びた外堀は、丸ノ内駅一帯を包むと東側へ折れ、東海道新幹線に沿って北上していたと推定されている。城郭の南西端に位置する丸ノ内駅は、城郭の大手門があった場所と推定されている。

では東京や名古屋の丸の内地区と違い、清須城の丸ノ内はなぜ名残を留めていないのか。それは、清須城が早い段階で廃城になったからである。江戸城や名古屋城などは、江戸時代の間は使われ続けた江戸城や名古屋城などと異なり、清須城は、一六〇一〇（慶長一五）年に廃城とされたのだ。

清須城が廃城となったのは、徳川家康が清須越しを行なったからである。家康は名古屋城と城下町を築くと、清須から武家や町人などを含めた都市ぐるみの大移動を行なわせた。その結果、清須は寂れ、堀などの施設も使われなくなって、城跡の名残を失ったのである。現在、本丸跡には模擬天守が建てられているが、周辺の地区は丸ノ内駅周辺同様、住宅地になっている。

清須城址（推定）

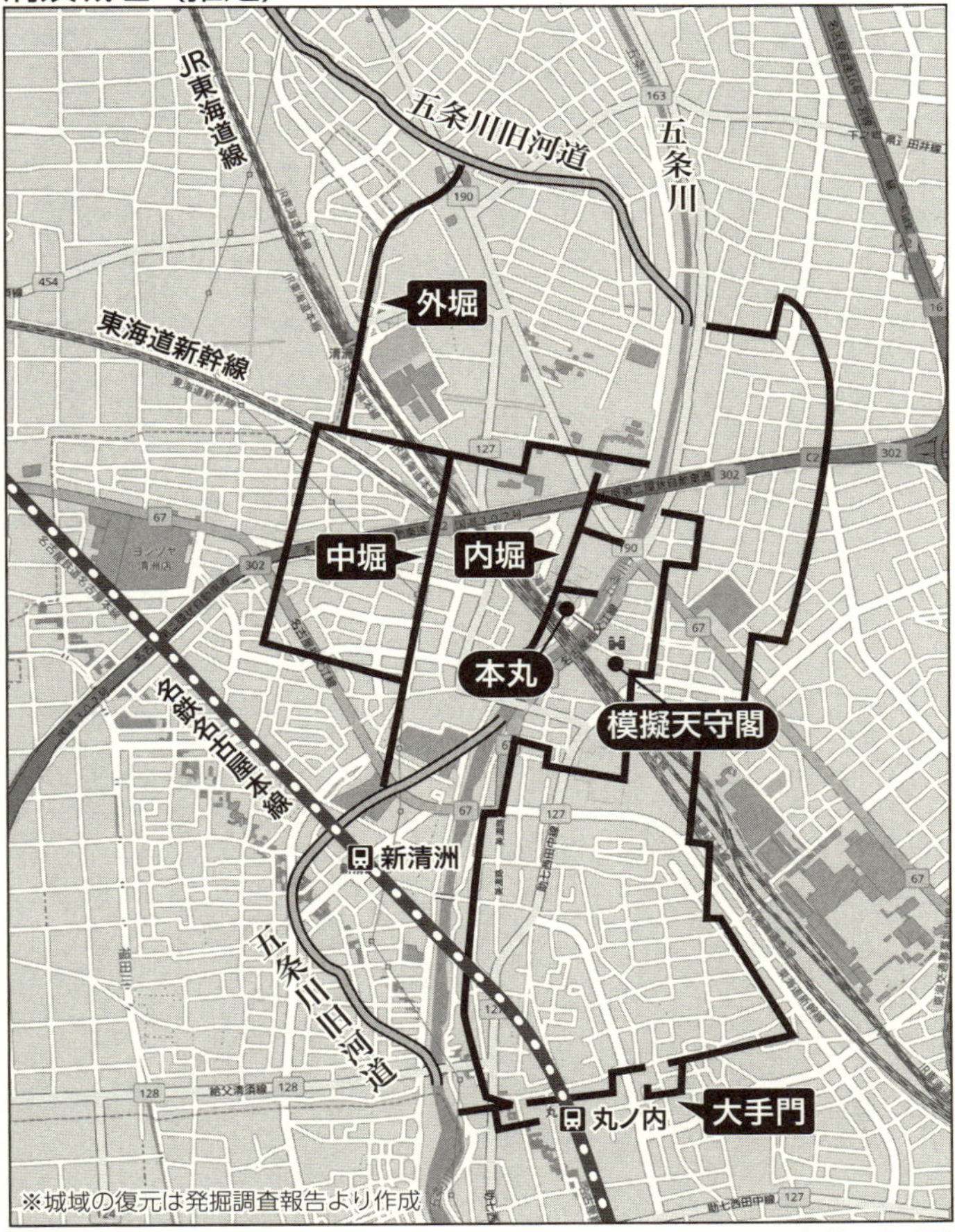

清須城は三重の堀を巡らせた広大な城郭だったと推定されており、南端に大手門があった。そこには現在、名鉄の丸ノ内駅がある。

銀杏並木が美しい通りなのに桜通と呼ばれるワケ

名古屋本線 NH 36

名鉄名古屋
めいてつなごや
MEITETSU NAGOYA

名古屋駅の東側から山内町交差点まで、通称「桜通」と呼ばれる広い道路が走っている。しかも、その道路沿いには、桜天満宮という神社もある。ということは、一帯はさぞかし桜がきれいなはず……。

ところが、期待に胸を膨らませて訪れてみても、どこにも桜は見当たらない。代わりに沿道には銀杏《いちょう》の木がずらーっと立ち並んでいるではないか。これでは桜通というより、銀杏通では……。

銀杏並木なのに、なぜ桜通なのか？　実は、桜通という名は、桜天満宮が通り沿いにあったために、昭和に入ってそう呼ばれるようになったものなのだ。その桜天満宮は、織田信長の父で天神様を信仰していた信秀が、北野天満宮から菅原道真の木像を勧進して、那《な》古野城《ごやじょう》に設けた祠《ほこら》に奉ったのに始まり、一五三七（天文七）年に現在地に移され、万松寺《ばんしょうじ》の鎮守とされた。その万松寺は一六一〇（慶長一五）年の名古屋城築城の際に大須《おおす》に移されたが、神社はそのまま残され、現在に至る。

ただし桜と無関係なわけではない。確かに神社の境内には、かつて多くの桜の大樹がそびえ、桜の名所とされていた。「桜天満宮」「桜天神」と呼ばれるようになったのもこのためである。境内も広く、一六六一（寛文元年）からは、官命によって昼夜一二時に鐘楼の鐘をついて時を知らせていたという。

しかし、一六六〇（万治三）年の大火で桜の大樹が焼失。桜の名所ではなくなってしまう。それでも桜天満宮という名前は残り、一九三七（昭和一二）年に駅前から続く通りができた際、桜天満宮沿いの道路ということで、「桜通」という愛称が付けられたのである。

現在の広い桜通は、一九三七（昭和一二）年に汎太平洋博覧会を記念して整備されたもので、このとき、緩速車道分離帯や両側の歩道に銀杏が植えられた。第二次世界大戦の戦禍や枯死などで一時は減ったものの、再整備され、今では銀杏の大木が立ち並ぶ名所となっている。

銀杏が美しく色づく季節になると、その美しさは最高潮に達し、ことにライトアップが行なわれる夜には銀杏が黄金色に染まり、息を飲むほどの美しさとなる。

そうした銀杏とは対称的に桜天神は、住宅・都市再開発事業によってビルが立ち並ぶなかにこじんまりとしたたずむ小さな社となった。こうして桜通は、地名の由来とはかけ離れた一帯となってしまったのである。

幡豆の由来は文字の通り、旗頭から？

蒲郡線 GN 15
西幡豆
にしはず
NISHI HAZU

三河湾に沿うように蒲郡線が進んでいくと、愛知県西尾市の東幡豆駅と西幡豆駅へと至る。「幡豆」は「はず」と読む。初めてこの地を訪れた人が、この地名を間違えずに読むことはかなり難しいに違いない。ではなぜ「幡豆」なのか。

じつは、幡豆という地名の由来には、あまりにも多くの説が挙げられており、どれが正しいのか今も分かっていない。まずは、数ある説を大正年間の『愛知県幡豆郡誌』に挙げられているものを中心に紹介しよう。

第一に神社に関係する説である。吉良町宮崎に幡豆神社があるのだが、この神社は昔「羽利神社」といい、「利」を「と」と発音して「ハト神社」と呼ばれていた。この「ハト」が「ハズ」に代わったというのだ。

また、幡豆神社の祭神である建稲種命《たけいなだねのみこと》に由来するという説もある。この神様は日本《やまと》武尊《たけるのみこと》に仕えた武将の一人で、蝦夷《えみし》遠征の際に旗頭の役を担ったとされる。そこから、旗頭が幡頭になり、やがて幡豆と表わされるようになったという。

第二に国の地方行政機関である国府に関するもの。これには国府から外れた場所にあったから「ハズ」になったという説がある。奈良時代の律令制度で三河の国府が置かれたのは、現在の豊川市だった。地図を調べてみると、確かに豊川市と幡豆郡はかなり離れている。そこで、「ハズれた土地」ということから「ハズ」になったというわけだ。

『一色町誌』には、古代南方系人の「泊頭《はづ》の神」の風習から生まれたという説が記載されている。「泊頭の神」とは、湾口の両端部を神と崇めたもの。船の出入りのときに海運の平安無事を祈願したという。知多半島の先端には「羽豆」という地名があって、羽豆神社もあるし、幡豆の地は、渥美半島と知多半島に囲まれた三河湾沿いに位置する。幡豆の地が岬の先端からはかなり離れているきらいがあるものの、泊頭の神説もなかなか否定しがたいものがある。

さらに、「泊《は》つ」という動詞が由来という説もある。広辞苑によると「泊つ」は「船が港に着いてとまる。停泊する」の意味だとある。古代、幡豆が港としての役割を果たしていたことから、「泊つ」から転化したのではないかというのである。

あまりに説が多く、結局、どれが由来なのかははっきりしないが、飛鳥期の藤原宮木簡に「波豆峠」という記載があったり、『和名抄』にも「幡豆」と登場したりするなど、長い歴史をもつ名前である。歴史の長さの分だけ、その地名の由来も曖昧になったようだ。

愛知の由来は「知を愛する」ではなかった！

名古屋鉄道

名鉄の沿線圏は愛知県全域に及んでいるが、改めて考えてみると、愛知県という名前は美しい。なにしろ「知を愛する」である。愛知県と命名した人は、なかなかのセンスの持ち主……と称えたいところだが、なんと、愛知県の「愛知」は、「知を愛する」という意味ではないらしい。

「愛知」の表記を遡ってみると、『延喜式《えんぎしき》』に今の名古屋市と豊明市にあたる地域の郡名に「愛智郡」というのが見える。古くは「あゆち」で、七一三（和銅六）年に諸国郡名の好字二字統一が行なわれた際に「愛智」の字が当てられたのだが、それまでは「吾湯市」「年魚市」「鮎市」「阿伊知」などと表記されていたようだ。

なぜ「あゆち」なのか、由来については諸説ある。

ひとつに「あゆ」とは「湧き出る」という意味で、湧水の多い土地だったからというものだ。また、「東風《こち》」を意味するという説もある。知多半島から名古屋に向けて続く海岸線一帯は盛んに東風が吹いていて、「あゆち潟」と呼ばれてきたという。この「東風が吹

く場所」という意味から「あゆち」と呼ばれるようになったという説である。

とはいえ、「あゆち」は、尾張の一郡名に過ぎない。なぜ県名に昇格できたのか。

愛知県というのは、実は複雑な歴史を持つ県だ。現在の愛知県を構成しているのは、尾張藩・犬山藩を中心とした尾張国と、岡崎藩を中心とした三河国である。この二つの国が、一八七一（明治四）年の廃藩置県後、同年一一月までに「名古屋県」と「額田《ぬかた》県」になったのだが、翌年に「名古屋県」が「愛知県」に改称され、さらに「額田県」が廃されて「愛知県」に統合されてしまったのである。

つまり、三河国の名残りはすっかり姿を消し、完全に尾張国の名前が生かされたことになる。三河国の人にしてみれば納得のいかない話だったと思うが、この処置については、明治政府ができるだけ旧幕藩時代の痕跡を消そうとしたからだといわれている。

なにしろ尾張は徳川御三家のひとつ尾張徳川家の御膝下。三河国に至っては徳川家康の本拠地であり、天領駿府《すんぷ》を抱え、維新後に徳川家が移った場所でもある。それゆえ、わざわざ「名古屋県」を「愛知県」と改称したのも、徳川家による支配の名残りを消したい一心だったと思えば納得がいく。ただ、「名古屋」の名前は江戸時代から有名だったし、現代においても、愛知という県名より名古屋市のほうが有名だ。名古屋県のままにしておいたほうが、県の知名度は高かったかもしれない。

〈参考文献〉

『名古屋鉄道百年史』名古屋鉄道株式会社広報宣伝部編、『明日へ続く道　名古屋鉄道百年の歩み』名鉄エージェンシー編（名古屋鉄道株式会社）／『社史余話』（名古屋鉄道株式会社広報宣伝部）／『せきれい　Vol.43』（名鉄不動産）／『愛知県史通史編1　原始・古代』愛知県史編纂委員会編（愛知県）／『名古屋七十年史』名古屋市役所編（名古屋市役所）／『ひがし8号』東区郷土史研究会会員（東区郷土史研究会）／『東区史（名古屋市）』東区史編さん委員会編（東区総合庁舎建設後援会）／『南区制１００周年記念し』南区制１００周年記念事業実行委員会編（南区制１００周年記念事業実行委員会）／『三河線各駅停車』杉本誠（豊田市役所広報課）／『豊田市のあゆみ　新修豊田市史概要版』、『新修　豊田市史　概要版（豊田市のあゆみ）』、『新修　豊田市史　別編　民族1　山地のくらし』豊田市史編さん委員会編、『豊田市史3近代』豊田市教育委員会豊田市史編さん専門委員会編（以上、豊田市）／『新編豊川市史　第三巻　通史編近代』豊川市史編集委員会編（豊川市）／『新編　岡崎市史　近世３』新編岡崎市史編集委員会編（新編岡崎市史編さん委員会）／『尾西市史　通史編　下巻』尾西市史編さん委員会編（尾西市役所）／『竹島の植物』蒲郡市教育委員会編（蒲郡市教育委員会）／『吉良町史　原始・古代・中世前期』吉良町史編纂委員会編（吉良町）／『岐南町史』岐南町編（岐南町）／『各務原市史　通史編　近世・近代・現代』各務原教育委員会編（各務原市）／『さまざまな「宝」が輝くまち笠松（笠松力検定テキスト）』笠松力検定委員会編（笠松力検定委員会）／『笠松一〇〇年物語』笠松町商工会編（笠松町商工会）／『刈谷市郷土文化研究会会誌「かりや」第二十四号』（刈谷市郷土文化研究会）／『美濃加茂市民ミュージアム　研究紀要第10集』（美濃加茂市民ミュージアム）／『豊川海軍工廠展　巨大併記工場　終戦60年後の記録』（桜ヶ丘ミュージアム）／『竹村風土記』竹村風土記編纂委員会編（竹村風土記編纂委員会）／『尾張名所図会 絵解き散歩』前田栄作、水野鉱造、『秘められた名古屋　訪ねてみたいこんな遺産』水野孝一、栗田益生ほか、『古地図で楽しむ岐阜　美濃・飛騨』美濃飛騨地図同好会編、『古地図で楽しむ三河』松岡敬二編著、『東海の産業遺産を歩く』安部順一（以上、風媒社）／『私鉄廃線25年』『私鉄の廃線跡を歩くⅡ　関東・信州・東海編』寺田裕一、『名鉄６００Ｖ線の廃線を歩く』『名鉄名称列車の軌跡　パノラマカーも輝いた魅惑の列車』『名鉄の廃線を歩く　愛執の30路線・徹底踏査』『近鉄の廃線を歩く　懐想の廃止路線40踏査探訪』徳田耕一、『ニッポンを解剖する！名古屋東海図鑑』（以上、ＪＴＢパブリッシング）／『名古屋鉄道各駅停車』清水武、『愛知県　駅と路線の謎』野田隆、『地図と地形で楽しむ　名古屋歴史散歩』都市研究会編（以上、洋泉社）／『消えた駅名』今尾恵介、『鉄道・路線廃止と代替バス』堀内重人（以上、東京堂出版）／『愛知県の歴史散歩　上　尾張』『下　三河』愛知県高等学校郷土史研究会編、『岐阜県の歴史』松田之利、谷口和人ほか（以上、山川出版社）／『岐阜県謎解き散歩』山田敏弘編著、『山内一豊のすべて』小和田哲男編、『日本地名大事典コンパクト版（上）（下）』吉田茂樹（以上、新人物往来社）／『昭和の終着駅　中部・東海篇』安田就規、松本典久ほか、『廃線駅舎を歩く』杉崎行恭（以上、交通新聞社）／『週刊　歴史でめぐる鉄道全路線　大手私鉄09』『週刊私鉄全駅全車両基地　近畿日本鉄道４』（朝日新聞出版）／『47都道府県地名由来百科』谷川彰英（丸善出版）／『ＥＸＰＲＥＳＳ　61号』（名城大学鉄道研究会）／『カクキュー山越え海越え350年』八丁味噌史料室編（八丁味噌史料室）／『きらはず歴史散歩』礒貝逸夫（三河新報社）／『せとでんの歴史』前島一廣（雑論グループ知神 Hermes）／『愛知の山城　ベスト50を歩く』愛知中世城郭研究会、中井均編（サンライズ出版）／『ぼくらの名古屋テレビ塔』名古屋タイムズ・アーカイブス委員会編（樹林舎）／『愛知県の鉄道　昭和〜平成の全路線』牧野和人（アルファベータブックス）／『岐阜市史の扉を開いて』吉岡勲（大衆書房）／『近代日本と地域交通　伊勢電と大軌系（近鉄）資本の動向』武知京三（臨川書店）／『東海道を歩く　改訂版』山と渓谷社大阪支局（山と渓谷社）／『日本の民話20　愛知県』寺沢正美、小島勝彦編（未来社）／『日本歴史地名大系21岐阜県の地名』（平凡社）／『廃駅ミュージアム』笹田昌宏（実業之日本社）／『飯田線　1897〜1997』吉川利明（東海日日新聞社）／『飯田線ものがたり』太田智子、神川陽子（新評社）／『飯田線百年ものがたり』東海旅客鉄道株式会社飯田支店監修（新葉社）／『鉄道忌避伝説の謎』青木栄一（吉川弘文館）／『鉄路風雪の百年　なるほど・ザ・名鉄』中村隆義（中部経済新聞社）／『尾張名古屋の歴史歩き』大下武（ゆいぽおと）／『尾張名古屋大百科』荒俣宏監修（名古屋開府400年記念実行委員会）／『堀川　歴史と文化の探索』伊藤正博（あるむ）／『名古屋地名の由来を歩く』谷川彰英（ＫＫベストセラーズ）／『名古屋鉄道のひみつ』ＰＨＰ研究所編（ＰＨＰ研究所）／『名古屋謎とき散歩』恩田耕治（廣済堂出版）／『名鉄　東海の動脈とその周辺』毎日新聞中部本社報道部（毎日新聞開発株式会社）／『名鉄岐阜線の電車（上）（下）』清水武（ネコ・パブリッシング）／『名鉄歴史散歩　西部編』斉藤典子（鷹書房）／『各駅地名解　名古屋鉄道の巻』尾藤卓男（東海地名学研究所）／『角川日本地名大辞典23愛知県』「角川日本地名大辞典」編纂委員会、竹内理三編（角川書店）／『三河岡崎城　家康が誕生した東海の名城』愛知中世城郭研究会編（戎光祥出版）／『三河湾の生きものと自然』東三河地域研究センター編（東三河開発懇話会）／『神谷伝兵衛　牛久シャトーの創設者』鈴木光夫（筑波書林）／『全国鉄道事情大研究　名古屋東部篇』川島令三（草思社）／『大学的愛知ガイド―こだわりの歩き方』愛知県立大学歴史文化の会編（昭和堂）／『知らなかった！都道府県の由来』谷川彰英（東京書籍）／『東海地方の鉄道敷設史㊤』（井戸田弘）／『ふるさとの岐阜の物語（大正編）』（清信重）／『南区の新田干拓の歴史』（杢野雅英）／『熱田駅　熱田運河・常滑線の今昔』（町村眞平）／『尾張江南の歴史風土記』（須賀弘之）／『鉄道ピクトリアル第29巻第12号』『第36巻第12号』電気車研究会（鉄道図書刊行会）『土と岩 No.61』（中部地質調査業協会）『日本建築学会計画系論文集第510号』（日本建築学会）／『歴史まち歩き』（名古屋観光コンベンションビューロー）／『第四紀研究　第22巻第3号』（第四期学会）／『知立神社発行古文書永見氏家譜』（知立神社）／『地方競馬総合ガイドブック』（地方競馬全国協会）／『地理学報告2』（愛知教育大学）／東海日日新聞／東愛知新聞／日本経済新聞／岐阜新聞／中日新聞／朝日新聞／毎日新聞

〈ウェブサイト〉

名古屋鉄道／愛知県／愛知県総合教育センター／名古屋市／美濃市／知立市／岡崎商工会議所／岐阜羽島観光協会／自治体国際化協会／日本電気協会中部支部／笠松競馬場／京都大学霊長類研究所／八丁味噌協同組合／豊田市産業とくらし発見館

監修者

小林克己（こばやし　かつみ）

1975年、早稲田大学地理歴史専修卒。海外旅行地理博士。日本旅行記者クラブ個人会員、綜合旅行業務取扱管理者。世界遺産、グルメ、鉄道などをテーマに、取材旅行の延べ日数は海外約６年間、国内約５年間に及ぶ。主な著書として、『ＪＲ乗り放題きっぷの最強攻略術』（交通新聞社）、『青春18きっぷで楽しむおとなの鉄道旅行』、『新幹線・特急乗り放題パスで楽しむ50歳からの鉄道旅行』（いずれも大和書房）のほか、海外旅行本を多数執筆。

※本書は書き下ろしオリジナルです。

じっぴコンパクト新書　354

JIPPI Compact

名鉄沿線《めいてつえんせん》ディープなふしぎ発見《はっけん》

2018年7月11日　初版第１刷発行

監修者…………………小林克己
発行者…………………岩野裕一
発行所…………………株式会社実業之日本社
〒153-0044 東京都目黒区大橋1-5-1 クロスエアタワー8階
電話（編集）03-6809-0452
（販売）03-6809-0495
http://www.j-n.co.jp/
印刷・製本…………大日本印刷株式会社

ISBN978-4-408-33808-8（第一趣味）